KLEINES LEXIKON DER

GARTENIRRTÜMER

Michael Breckwoldt

KLEINES LEXIKON DER GARTEN-IRRTÜMER

eichborn

MICHAEL BRECKWOLDT, geboren 1959, studierte Gartenbau, Literaturwissenschaft und Philosophie. Als freier Journalist arbeitet er für Zeitschriften wie *Brigitte* und *Living at Home*. Autor mehrerer Bücher zu Garten- und Planzenthemen, zum Beispiel *Gärten gestalten, Gärten genießen* (2002) oder *Grundkurs Grüner Daumen* (2009). Betreiber des Internet-Magazins www.gartenundgabel.de mit informativen Themen rund ums Gärtnern und Kochen. Michael Breckwoldt lebt mit seiner Familie in Hamburg.

3. Auflage 2011

Umschlaggestaltung: Christina Hucke
Foto: © fotosearch
Lektorat: Dr. Barbara Werner van Benthem
Ausstattung: Cosima Schneider
Layout und Satz: Schneider. Visuelle Kommunikation
Druck und Bindung: CPI – Clausen und Bosse, Leck
ISBN 978-3-8218-6516-4

FSC Mix
Produktgruppe aus vorbildlich bewirtschafteten Wäldern und anderen kontrollierten Herkünften
www.fsc.org Zert.-Nr. GFA-COC-001223
© 1996 Forest Stewardship Council

Eichborn Verlag, Kaiserstraße 66, 60329 Frankfurt am Main
Mehr Informationen zu Büchern und Hörbüchern aus dem Eichborn Verlag finden Sie unter www.eichborn.de

INHALT

WIRD DER APFELBAUM EINMAL KRÄFTIG BESCHNITTEN, SPART MAN SICH DEN SCHNITT IN DEN FOLGEJAHREN

Mit dem Schneiden des Apfelbaums ist es ein wenig so wie mit dem Renovieren eines Wohnzimmers. Man schleicht lange darum herum, schiebt wichtige Arbeiten vor und kommt schließlich zu dem radikalen Entschluss: Wenn es schon getan werden muss, dann richtig. Bezogen auf das Zimmer bedeutet das: Es kommt nicht nur frische Farbe an die Wand, es werden gleich Teppiche und Möbel erneuert. Damit für die nächsten Jahre Ruhe ist! Für den Apfelbaum bedeutet es meistens: Es wird viel zu viel von dem Gerüst seiner Äste weggeschnitten – zumindest, wenn sich ein Laie ans Werk macht. Der versierte Baumkundler, der das im Nachhinein sieht, rauft sich die Haare und denkt: Wird der Baum je wieder eine schöne Krone ausbilden und üppig Früchte tragen?

Das Bild einer Analogie hilft am besten weiter, um zu verstehen, warum solche Eingriffe behutsam durchgeführt werden müssen. Das unterirdische Wurzelgeflecht eines ausgewachsenen Apfelbaums macht etwa das gleiche Volumen aus wie seine ausgebreitete Krone. Es besteht zwischen beiden Seiten ein Gleichgewicht, das für die optimale Ernährung des Baums nötig ist. Wurden nun viele Äste gekappt, pumpen die Wurzeln weiterhin annähernd die gleichen Saftströme in die Krone. Dieses Überangebot hat einen starken neuen Austrieb zur Folge. In der Krone sprießen viele junge Äste, die das reduzierte Volumen innerhalb eines Jahres wieder ausgleichen.

Dem Baum ergeht es dabei allerdings ähnlich wie dem Burschen im Märchen, der einen Klumpen Gold zuletzt gegen einen Mühlstein eintauscht. Denn dem radikalen Schnitt fällt viel wertvolles Fruchtholz zum Opfer. Dafür wachsen dem Baum nun viele wertlose Wasserschosse.

»Nach dem Schnitt treibt ein Baum neu aus. Die Stärke des Neuaustriebs hängt von der Schnittstärke und dem Schnittzeitpunkt ab. Je schärfer man einen Baum zurückschneidet, desto stärker treibt er im folgenden Frühjahr«[1], so bringen es die beiden Obstbau-Experten Bernd Schulz und Gerd Großmann auf den Punkt. Nimmt man dann noch die Triebe nicht auf allen Seiten gleichmäßig weg, wird sich die Krone künftig ungleichmäßig entwickeln.

Das Schneiden von Apfelbäumen ist trotzdem kein Buch mit sieben Siegeln. Im Gegenteil: Es ist gar nicht so schwer, wenn man einige wenige Regeln beherzigt. Zunächst muss man wissen, dass Blüten und Früchte überwiegend an sogenannten Kurztrieben entstehen, die seitlich von den Ästen wie kleine Spieße abstehen. Diese gilt es zu erhalten. Eine bestehende Krone muss ohnehin nicht stark beschnitten, sondern nur etwas ausgelichtet werden. Es werden quer wachsende und trockene Zweige herausgenommen. Vereinzelt sollte man auch greise Triebe verjüngen. Dazu schneidet man solch einen alten Trieb dort ab, wo ein junger kräftiger Neutrieb seitlich abzweigt. Gut ist, wenn dieser möglichst waagerecht wächst. Dann bilden sich dort schnell neue Blütenknospen. Bei all diesen Eingriffen sollte man darauf achten, dass die Form der Krone erhalten bleibt. Das gelingt, wenn man ihr regelmäßig jedes Jahr nur etwas von ihren alten Trieben und nicht ganz viele auf einmal nimmt.

EIN HALBES DUTZEND APFELSORTEN AUF DEM MARKT SIND GENUG

Bis vor 50 Jahren hatten viele Menschen noch Obstbäume in ihren Gärten, um sich selbst zu versorgen. Äpfel im Laden waren Luxusartikel. »Heute ist preisgünstiges Obst überall zu kaufen und dabei bleibt die Vielfalt auf der Strecke«, sagt Meinolf Hammerschmidt. Der Gärtnermeister aus der Nähe von Flensburg sammelt seit knapp 20 Jahren alte Obstsorten. Darunter sind allein mehr als 700 verschiedene Varietäten vom Apfel, etwa der walzenförmige Prinzenapfel »Maren Nissen«, den ein großes Kerngehäuse auszeichnet, das klötert, wenn man es schüttelt. Und der gefurchte »Danziger Kantapfel« mit dunkelroter Schale sowie der klobige »Jakob Lebel«, der besonders gut für Apfelmus taugt. Diese Sorten sind alle schon fast 200 Jahre alt und sie haben eines gemeinsam: Der Handel lässt sie links liegen. Das hat nichts mit ihrem Geschmack zu tun, der teils vorzüglich ist, sondern mit den Normen und Marktmechanismen. So finden sich im Supermarkt nur noch rund ein halbes Dutzend Apfelsorten und die müssen vor allem eine bestimmte vorgegebene Form und Größe haben sowie gut lager- und transportfähig sein.

In den letzten Jahren aber feiern viele dieser alten Apfelsorten ein Comeback. Das hat mit den außergewöhnlichen Aromen zu tun, auf die viele Feinschmecker mittlerweile schwören. Hammerschmidt hält den Geschmack des »Gravensteiner« nach wie vor für unerreicht. Regionale Sorten sind zudem besser an die lokalen Klima- und Bodenverhältnisse angepasst. Die Gegend, aus der die Sorte stammt, klingt häufig schon im Namen an, wie beim »Finkenwerder Herbstprinz«, der seit einigen Jahren im Hamburger Umland wieder seiner gesunden schmackhaften Früchte wegen für Furore sorgt. Eckart Brandt, Obstbauer aus dem Alten Land, ist dem Ursprung dieser Sorte auf den Grund gegangen. In seinem Buch *Brandts Apfellust* schreibt er: »Der Finkenwerder Herbstprinz ist nicht das Produkt einer gezielten Züchtung, sondern ein ›Zufallssämling‹, zufällig aus dem Kern eines weggeworfenen oder vom Baum gefallenen Apfels entstanden.«[2] Entdeckt wurde dieser vom 1872 geborenen Carsten Benitt, der in Finkenwerder vor den Toren der Hansestadt einen Obsthof betrieb. Von ihm hat dieser Zufallsfund seinen Namen. Die große Stunde des Apfels schlug aber erst nach dem Zweiten Weltkrieg. Aus einer Vielzahl regionaler Sorten wurden damals die besten ausgesucht und zum Anbau empfohlen. Darunter befand sich auch der Finkenwerder Herbstprinz. Er führte jahrelang die Hitliste der besten Äpfel an und landete auch am häufigsten in den Erntekörben.

Erst die Integration des deutschen Obstmarktes in die Europäische Union Ende der Fünfzigerjahre, die damals noch EWG, also Europäische Wirtschaftsgemeinschaft hieß, machte der Sorte den Garaus. »Für regionale Perlen war da kein Platz mehr«, klagt Brandt. »Stattdessen trat der ›Golden Delicious‹ seinen Siegeszug an.«[3] Entscheidend war, dass die von nun an favorisierten Apfelsorten auf kleine Baumformen veredelt und in allen Mitgliedsstaaten der EU angebaut werden konnten.

Die geschmackliche Komponente und erst recht der gesundheitliche Wert eines Apfels finden im internationalen Handel nur zweitrangig Berücksichtigung. Vor diesem Hintergrund jedoch können alte, heimische Sorten mit ihren Vorzügen punkten. Wie neue Forschungen zeigen, sind diese Oldies auch für Menschen verträglich, die sonst auf Äpfel allergisch reagieren. Offenbar spielen dabei die entzündungshemmenden Polyphenole eine Rolle: Pflanzenstoffe, die Freie Radikale neutralisieren und die Körperzellen gegen chronische und akute Erkrankungen sowie gegen den Alterungsprozess schützen. Polyphenole sind vor allem in alten Apfelsorten enthalten, die vor 1950 gezüchtet wurden.

Außerdem kommen Apfelallergiker oft besser mit Früchten zurecht, die aus dem Streuobstbau stammen, also von Obstwiesen, auf denen ausschließlich große Baumformen zum Einsatz kommen. Auch hier gibt es vorrangig alte Regionalsorten, die gegen viele Pflanzenkrankheiten gewappnet sind und deshalb nicht gespritzt werden müssen.

Die alten Sorten haben einfach Charakter. Sie sind nicht so stromlinienförmig wie die gängigen Handelsfrüchtchen namens »Elstar«, »Gala«, »Jonagold« und Co. Der Markt braucht diese unverkennbaren Originale.

BAMBUS IST EINE PFLEGELEICHTE HECKENPFLANZE

Grundsätzlich ist gegen Bambus nichts einzuwenden. Im Gegenteil: Gefühlte 90 Prozent der Gartenbesitzer entscheiden sich für ein Einheitsgrün aus Lebensbaum *(Thuja)* und Scheinzypresse *(Chamaecyparis)* als Hecke. Mit der Bambuswahl schert man aus dieser Reihe aus und setzt interessante neue Akzente. Wer allerdings glaubt, Bambus sei eine pflegeleichte Pflanze, kann seine grünen Wunder erleben – wie eine Leserin aus dem Internet-Forum der Zeitschrift *Brigitte:* »Mein Problem ist ›wuchernder‹ Natur. Ich habe im Garten einen Bambus *(Phyllostachys bissetii)* gepflanzt. So schön dieser Bambus ist, so sehr suchen sich die Wurzeln ihren Weg durch den Rasen«, schrieb sie im April 2009.[4]

Bambus ist eben nicht gleich Bambus. Es kommt auf die richtige Art an. Von den rund ein Dutzend möglichen kommen nur wenige in Frage.

Botanisch gesehen gehört Bambus zu den Gräsern, obgleich viele Arten strauch- und sogar baumförmig wachsen. Die tropische Gattung *GIGANTOCHLOA* kann 40 Meter hoch werden. Der für unsere Breiten geeignete Flachrohr-Bambus *(PHYLLOSTACHYS)* erreicht immerhin Höhen bis zehn Meter. Richtig grasartig ist die Fähigkeit der Pflanzen, sich durch unterirdische Ausläufer auszubreiten und in rasantem Tempo große Flächen zu besiedeln. Damit ist auch schon der Kern des Problems genannt: Die Hecke zeigt sich in den meisten Fällen wenig linientreu, durchbricht den schmalen Grenzstreifen, breitet sich im Garten und bis in den des Nachbarn hinein aus und entfaltet sich allmählich zum Wäldchen.

In der japanischen Philosophie wird Bambus als heilige Pflanze verehrt – wegen seiner biegsamen Halme und seiner Beharrlichkeit. Es ist schier unmöglich, einen Bambus zu bremsen, dessen Ausläufer den Garten untergraben. Die pfeilspitzen Wurzelrhizome bohren sich selbst durch Mauerritzen. Auch oberirdische Sprösslinge lassen sich kaum bremsen. Im Botanischen Garten Hamburg maß 1989 der damalige Leiter Hans-Dieter Warda Wachstumsgeschwindigkeiten von 42 Zentimetern pro Tag. In Japan können sie mehr als doppelt so schnell sein. Dort bestand früher eine Foltermethode darin, Menschen rücklings auf den Boden zu binden. Gibt das Opfer sein Geheimnis nicht Preis, bohren sich junge Bambussprösslinge langsam durch den Körper und der Mensch stirbt einen qualvollen Tod.[5]

Bambusgärtner Wolfgang Eberts aus Baden-Baden hat ein spezielles Material gefunden, dass die wilden Gräser zähmt. Es sind Bahnen einer besonders zähen Polyethylen-Folie (HDPE-Folie). Diese sogenannten Rhizomsperren werden 70 Zentimeter tief senkrecht in den Boden eingegraben und mit Metallschienen fest verschlossen.[6] So lässt sich der Ausbreitungsdrang der unsteten Genossen zuverlässig eindämmen. Darunter sind die schönsten der hier eingebürgerten Arten wie Knoten-Bambus (*Phyllostachys aurea*), Schwarzer Bambus (*Phyllostachys nigra*) und auch der oben erwähnte *Phyllostachys bissetii*. Allesamt sind sie entgegen der weit verbreiteten Meinung nicht wirklich als Heckenpflanze geeignet. Es sei denn, die gesamte Grenze wird nach allen Seiten mit einer solchen Wurzelsperre eingepfercht.

Einzig und allein die Bambus-Gattung *Fargesia* bildet keine Ausläufer und braucht demnach keine Rhizomsperre. Von ihr gibt es mittlerweile verschiedene Sorten, die nicht alle die Höhe einer mannshohe Hecke erreichen. Zu empfehlen sind ›Simba‹, ›Jumbo‹ und ›Standing Stone‹. Wirklich pflegeleicht, kann man ihnen ganz entspannt zusehen, wenn sich die zähen Halme sanft im Wind bewegen.

IM BAROCKGARTEN GIBT ES KEINE ROSEN

Im Park von Versailles verschwindet die vom Schloss ausgehende große zentrale Achse am Horizont. Davor liegen von Buchsbaum gesäumte, geometrische Beete, denen Sand und Kies farbige Strukturen verleihen. Sie erinnern an Stickmuster, daher rührt der Name »Broderie«. In der Tiefe des Parks entfaltet sich eine monumentale Pracht: imposante Brunnen, gigantische Wasserachsen, haushohe Heckenwände und eine gezirkelte Parklandschaft, so weit das Auge reicht. Aber tauchen dort irgendwo Rosen auf?

In der einschlägigen Literatur wird das Thema Rose im Barockgarten meist elegant ausgespart. Noch der britische Gartenhistoriker Allen Paterson geht 1983 davon aus, dass ihr Platz zu jener Zeit nur in Küchen-, Bauern- und Sammlergärten gewesen sei.[7] Clemens Alexander Wimmer hat das dazu bewogen, der Sache einmal auf den Grund zu gehen. Er schreibt: »Aus der gartenhistorischen Literatur möchte man den Eindruck entnehmen … im französischen Garten sei kein Platz für den intimen Charme der Rosen gewesen.«[8] Doch in den Gartenbüchern des Barock fand er rund 30 verschiedene Rosenvarietäten. Viele davon dienten medizinischen Zwecken, wie die Apothekerrose *ROSA GALLICA* »Officinalis«. Sie gehörte seit dem Mittelalter zum festen Inventar der Heilpflanzen- und Klostergärten. Im Barock galt sie schon als vulgär, weshalb sie auf Gemälden nicht mehr auftaucht. Das gleiche Schicksal teilt die Moschusrose (*ROSA MOSCHATA*), über deren wohltuende Wirkung der italienische Arzt und Botaniker Pietro Mattioli in seinem Kräuterbuch aus dem Jahr 1586 sagt: »sindt die allerköstlichsten / nicht allein wegen ihres edlen Geruchs / sondern auch dass sie mehr den Stuhlgang fertig machen / so man ihrer drey oder vier vor der Mahlzeit isset.«[9]

Zu den beliebtesten Rosen der Barockzeit zählten Alba-Rosen (*Rosa x alba*), Damaszener-Rosen (*Rosa x damascena*) sowie Zentifolien (*Rosa x centifolia*), die erst Ende 1500 wahrscheinlich als Zufallssämlinge aus einer Alba- und einer Damaszenerrose in den Niederlanden entstanden waren. Ihre prall gefüllten Blüten wurden auf den Blumenstillleben flämischer Künstler zu einem populären Motiv. Gezielte Kreuzungen gab es im 17. Jahrhundert noch nicht. Dennoch fanden die Gärtner neue Sorten, die sich in Blütenfarbe und Blütengröße von den bislang bekannten unterschieden, etwa *Rosa x alba* »Maiden‹s Blush«, *Rosa gallica* »Tuscany« und die *Rosa gallica* »Versicolor«, eine ungewöhnliche Zufallskreuzung mit gestreiften Blüten. Hinzu kam eine Reihe von Wildrosen, darunter die ersten Ankömmlinge aus Amerika, wie die Virginische Rose (*Rosa virginiana*) und die Wiesen-Rose (*Rosa carolina*).

Kurioserweise wurden zu der Zeit noch andere Gewächse als Rose geführt. Der gefüllte Schneeball (*Viburnum opulus*) »Roseum«) etwa hieß »geldrische Rose«. Und als »chinesische Rose« kursierte der Eibisch (*Hibiscus rosa-sinensis*). Es haperte damals noch an einer verbindlichen Nomenklatur. Das macht auch die Lektüre vieler barocker Gartenbücher schwierig, in denen häufig Fantasienamen auftauchen, die zu keiner bekannten Rosenart passen.

So viele Rosen also. Wo aber befand sich die Königin der Blumen in den barocken Gärten? Antoine-Joseph Dézallier d‹Argenville schreibt in seinem umfassenden Werk *La Théorie et la pratique du jardinage* von 1709: »Wir haben mehrere Arten Rosen, die gewöhnliche, die panaschierte, die holländische oder Zentifolie, die virginische, die Provins-Rose, die geldrische, die Muskat- oder Damaszenerrose und die Monatsrose. … Man zieht die Rosen zu Hochstämmchen, als Hecken und benutzt sie um Treillagen zu bekleiden.«[10] Treillagen sind aus feinem Gitterwerk gefertigte Bauten. Sie gehörten zum architektonischen Skelett barocker Gärten, dienten innerhalb der Boskette (ital. *bosco* = Hain, Wäldchen) als Stützkorsett für Hecken, gaben den kunstvollen Rahmen für Nischen, in denen Brunnen plätscherten, oder formten die monumentalen Lauben, die das Raumgefühl des Schlosses ins Freie übertrugen. In Versailles veränderte sich unter Louis XIV. die Ausgestaltung der verschiedenen Boskette wie die Dekoration einer Opernbühne. Das Leben am Hof als prunkvolle Oper zu inszenieren – das galt für Schloss und Garten gleichermaßen. Die Rosen waren dabei im wahrsten Wortsinn nur Zaungäste. Sie woben ihre Blüten in das Gitterwerk, das ein Teil der aufwendigen Kulisse darstellte. Das Barock verwehrte ihnen noch die Rolle, zu einem repräsentativen Teil des Gartens zu werden. Das sollte sich schon bald ändern.

Zur Zeit Louis XV. zierten Rosensträucher zwischen den Bäumen auch schon Alleen, so im Petit Trianon. Dieses vom König 1748 erbaute kleine Lustschloss samt Garten grenzt nordwestlich an den Park von Versailles. »In diesem Projekt äußert sich ein neuartiges Naturgefühl, eine Art Idealisierung des Landlebens«[11], wie Pierre-André Lablaude, der Leiter der Restauration der Versailler Gärten schreibt. In Gehegen tummelten sich Kühe, Schafe und seltene Hühnerarten. An Baumstämmen rankten Geißblatt und Rosen empor und wurden zu Girlanden verflochten. Doch da befinden wir uns schon in der Zeit des Rokoko mit seiner verspielten Heiterkeit und der Sehnsucht nach Idylle.

DER BAUERNGARTEN IST EIN BESTIMMTER GARTENTYPUS

Viele Autoren tun so, als gäbe es so etwas wie den Prototyp eines Bauerngartens, an dem sich spätere Generationen orientiert hätten. Dieser Irrglaube nahm an der Wende zum 20. Jahrhundert seinen Anfang. Davor waren Bauerngärten einfach nur die Gärten der Bauern. Doch plötzlich blühte das Interesse an ländlichen Gärten auf, und das Thema kam regelrecht in Mode.

Der Schriftsteller und Chronist Theodor Fontane lieferte in seinem 1897 erschienenen Gesellschaftsroman *Der Stechlin* eine treffliche Beschreibung eines Gartens, von dem es heißt, er sei von »ländlicher Art«. »Durch seine ganze Länge zog sich ein von Buchsbaumrabatten eingefasster Gang, neben dem links und rechts, in wohlgeformten Beeten, Rittersporn und Studentenblumen blühten. Gerade in seiner Mitte weitete sich der sonst schmale Gang zu einem runden Platz aus, darauf eine große Glaskugel stand.« Birnbäume, Mohrrübenbeete und ein Bretterzaun als Grenze zum Nachbargrundstück finden dort ihren Platz.[12]

Das Inventar des von Fontane porträtierten Gartens entspringt der Notwendigkeit, sich abseits der Städte mit Obst und Gemüse selbst zu versorgen. Die üppigen Blumenbeete deuten aber auch auf einen gewissen Wohlstand der Besitzer hin. Fontane hat nicht zufällig die Beschreibung ländlicher Gärten in seine Romane verwoben. Er huldigt damit dem Zeitgeist. Am Ende des 19. Jahrhunderts formierten sich in Deutschland Kreise, die die negativen Begleiterscheinungen der Industrialisierung anprangerten. Gegen Massenproduktion, Luftverschmutzung und Importware setzten sie unter anderem auf handwerkliche Qualität, Naturschutz und heimische Produkte. Im Zuge dieser sogenannten Reformbewegung wurde die Lebensweise auf dem Land bedeutsam. Die Bauern wurden als noch stark mit der Natur verbundene Menschen gewürdigt beziehungsweise idealisiert. Der Hannoveraner Gartenhistoriker Joachim Wolschke-Bulmahn weist darauf hin, dass durch die Gleichsetzung des Landwirts mit einem Naturmenschen auch »die in den jeweiligen Landschaften praktizierten Formen der Landnutzung und die dort vorhandene Kultur als von Natur aus gegeben und richtig interpretiert« wurden.[13]

Das Leben auf dem Land diente als Vorbild für eine Neubesinnung innerhalb der Gartengestaltung. So hob der reformorientierte Direktor der Hamburger Kunsthalle Alfred Lichtwark 1894 in seiner kleinen Schrift *Markartbouquet und Blumenstrauß* das Beispiel eines Bauerngartens hervor und stellte es leuchtend der starren Künstlichkeit entgegen, die damals in städtischen Gärten und Parks in Form von gezirkelten Teppichbeeten – Relikte der Gründerzeit – noch vorherrschte:

»Ich machte mir einmal die Freude, einem Freunde aus Berlin den wohlgepflegten Garten eines reichen Bauern in der Hamburger Marsch zu zeigen. Um mich an seiner Überraschung zu weiden, hatte ich ihm kein Wort von meiner Absicht verraten.«[14] Gemeinsam bewunderten die beiden Freunde dieses »Stück alter Kultur«: »Nein, wie das gemütlich aussieht, diese geraden Wege und buchsgefassten Beete, diese geschorenen Hecken und der große Würfel der Laube, und diese klassische Verbindung von Blumen- und Gemüsegarten, wie menschlich.«[15] Vor dem Haus freuten sie sich über eine Reihe geschnittener Kopflinden und Beete mit Rittersporn und Akelei sowie Johannis- und Stachelbeeren. »Was für eine Perspektive eröffnet dieser Rest ältester Kunstübung für die Wiederbelebung einer Gartenbaukunst, die ihren Namen verdient«, schreibt Lichtwark abschließend.[16]

Fortan feierten viele Zeitgenossen den Hamburger Museumsdirektor als »Entdecker des Bauerngartens«, wie der Botaniker Hans-Helmut Poppendieck 1992 in seinem lesenswerten Aufsatz »Der erste Museums-Bauerngarten« schreibt.[17] Er zeigt darin detailliert auf, wie das Bild vom typischen Bauerngarten zu Beginn des letzten Jahrhunderts geprägt wurde. Maßgeblichen Einfluss hatte der Niederdeutsche Bauerngarten, den man 1913 im Botanischen Garten Hamburg quasi als grünes Museum anlegte. Die Quellen, die noch dessen ursprüngliche Gestalt zeigen, zeichnen folgendes Bild: »Als auffallendster Zug galt seine strenge Symmetrie. Der Garten war ursprünglich durch eine Hecke abgegrenzt, hatte buchsbaumgesäumte Wege und war in der Art der klassischen Klostergärten durch ein Wegkreuz mit Mittelrondell in vier Quartiere geteilt.«[18]

Die Resonanz in der Bevölkerung war überragend. Viele Zeitschriften nahmen sich des Themas an und besprachen den Garten in Hamburg – häufig mit dem Hinweis, solche Anlagen seien vor nicht allzu langer Zeit noch überall im Umland anzutreffen gewesen.

Lichtwark war der Spiritus Rector des Museumsgartens und hatte ihn wohl auch direkt mit initiiert. Das Beispiel jedoch, das den Anstoß dazu gab, war weit davon entfernt, ein typischer Bauerngarten zu sein. Die Marschlande bei Hamburg, die der Kunsthallendirektor mit seinem Freund besuchte, »insbesondere die Landschaft Billwerder, waren seit dem 17. Jahrhundert die bevorzugte Gegend für die Landhäuser und Gärten der Hamburger Kaufleute gewesen«[19], betont Poppendieck. Die aufwendigen Anlagen waren zunächst im holländischen, also barocken Stil errichtet worden. Um 1800 wurde diese platte, von Gräben durchzogene Gegend für das Bürgertum allerdings unmodern. Gewünscht waren jetzt Landschaftsparks und die ließen sich am hügeligen Elbhang im Westen der Stadt viel angemessener verwirklichen. Viele der repräsentativen Anlagen verfielen, andere wurden erhalten und behielten für die Menschen der Gegend ihre Anziehungskraft. »Die Gartenbesitzerwerbungen Hamburger Bürger haben das siedlungsnahe Umland entscheidend geprägt, und es besteht kein Zweifel, dass es die in unmittelbarer Nachbarschaft ausgebreitete bürgerliche Gartenkunst war, die nachhaltig die bäuerlichen Gärten in ihrer Gestaltung beeinflusst hat.«[20]

Der Bauerngarten, der Lichtwark so fasziniert hatte, war also nicht die natürliche Urform des Gartens schlechthin – sondern ganz im Gegenteil ein Imitat einer bürgerlich-barocken Kunstform.

Die Journalistin Gerda Nissen hat in ihrem Buch *Bauerngärten in Schleswig-Holstein* anschaulich gezeigt, wie bereitwillig die Landbevölkerung über mehrere Jahrhunderte hinweg die städtischen Gartenmoden übernahm. Nur dauerte es eben seine Zeit, bis die Neuerungen aus den Metropolen im Umland ankamen. Ihr Fazit: »Der Bauerngarten jedoch ist lebendig, hat Vergangenheit, Gegenwart und – hoffentlich – Zukunft. Seine Identität liegt nicht in einem bestimmten Alter oder einer bestimmten Form, sondern in der Tatsache, dass eine Bäuerin ihn bewirtschaftet, dass er die Familie des Hofes ernährt und erfreut.«[21]

Diese eigentlich nahe liegende Schlussfolgerung ist in den letzten 100 Jahren hartnäckig ignoriert worden. Wer heute von Bauerngärten spricht, hat einen ganz bestimmten Typus vor Augen. Meist werden damit kreuzförmig angeordnete Wege, ein Mittelrondell und buchsgerahmte Beete assoziiert – es ist gewissermaßen ein Abklatsch des Museumsgartens. Dennoch hat sich die Auffassung festgesetzt, Klostergärten hätten dafür Pate gestanden.

So schreibt Bärbel Steinberger in ihrem 2007 erschienenen Buch *Mein schöner Bauerngarten*: »Die Klostergärten dienten ... als Vorbild für die Pflanzenausstattung der Bauerngärten, und gleichzeitig wurde wohl oft auch die Form übernommen.«[22] Sie wiederholt damit ein Klischee, das vor allem auf dem Höhepunkt der Ökobewegung in den Achtzigerjahren verbreitet war. »Der Bauerngarten ist ein verzierter Nutzgarten mit einem spezifischen Arteninventar und einer vom Klostergarten übernommenen Kreuz- (Doppelkreuz) Einteilung mit jeweils 4 (6) durch Buchs eingefassten Beeten«[23], heißt es etwa 1985 bei Agnes Sternschulte in ihrer *Geschichte des Bauerngartens.*

Warum Klostergärten die Blaupause für die Bauerngärten geliefert haben sollen, ist nicht schlüssig nachzuvollziehen. Es gibt dafür keine wissenschaftlichen Belege. Den Prototyp-Bauerngarten mit Wegekreuz, so wie in Hamburg vor knapp 100 Jahren vorgestellt, findet man jedoch heute in vielen Museumsdörfern und Botanischen Gärten, nicht aber auf dem Land, wo die wirklichen Bauern leben.

Der Cottagegarten, das britische Pendant zum Bauerngarten, dem nachgesagt wird, ihn würden im Gegensatz zu den gezirkelten Formen der deutschen Variante eine zwanglose Blütenfülle und ein abwechslungsreiches Nebeneinander diverser Gewächse prägen, erfuhr eine ähnlich Stilisierung.

Im Grunde ist es doch aber so: Die ersten Bauerngärten entstanden vermutlich, als die Menschen sesshaft wurden. Das war in der Jungsteinzeit, also vor etwa 12.000 Jahren. Damals stellten die Jäger die Speere in die Ecke, um das Land zu beackern und Vieh zu domestizieren. Sie umgaben irgendwann einzelne Flächen mit einfachen Zäunen, um wilde Tiere davon abzuhalten, die Früchte ihrer Arbeit zu fressen. Aus diesem Geflecht biegsamer Ruten ging – viel später – der Name Garten hervor. Einige Quellen leiten ihn von den gotischen Begriffen *gards* oder *garda* ab, also den Gerten, die für die Umzäunung hilfreich waren.[24] Im

Althochdeutschen nannte man das Umzäunte dann *garto.*[25] Der gotische Begriff *gards* wird auch mit »Hof«, »Haus« und »Familie« übersetzt – ein vielfältiges Bedeutungsraster, in dem sich die Spielarten von Gärten wiederfinden: vom einfachen Stück Land des Selbstversorgers über höfische Anlagen bis zum Spielgrün der Kinder.

Garten ist also immer auch Zeichen der Domestizierung des Wilden, Ausdruck menschlicher Kultur, etwas Gebautes. Am Anfang stand so etwas wie ein Bauerngarten und lange vor ihm der Garten Eden. Wer Garten denkt, träumt unweigerlich auch vom Paradies – der Utopie eines Ortes von Unschuld und ewigem Frieden, von der Möglichkeit einer Harmonie zwischen Mensch und Natur. Auch in der Idealisierung des Bauerngartens wird diese Utopie geweckt, diese Sehnsucht nach einem Stück heiler Welt, die schnell zu einer Flucht aus der Realität werden kann – ein schmaler Grat. Auf ihn begibt sich, wer durch eine Gartenpforte tritt.

BÄUME MÜSSEN IM WINTER GESCHNITTEN WERDEN

Vor einigen Jahren gingen Gärtner noch davon aus, der Februar sei der beste Monat, um Bäume zu beschneiden. Es gehörte zum Grundwissen der Zunft, das an den Berufsschulen gelehrt wurde. Einerseits hatte das arbeitstechnische Gründe. In den Wintermonaten haben Gärtner wenig zu tun. Da kommt das Herumkraxeln in Baumwipfeln mit schweren Motorsägen wie gerufen. Zudem ist es natürlich äußerst praktisch, dass ihnen Blätter zu dieser Zeit weder den Weg noch die Übersicht versperren.

Besonders schwer wogen hygienische Gründe. In den Wintermonaten fliegen weniger Krankheitskeime durch die Luft, die in die frischen Holzwunden eindringen und diese infizieren können. Sich zu Beginn des Jahres mit Scheren und Sägen bewaffnet auf und in die Bäume zu stürzen, war also ein ehernes Gesetz.

Vor einiger Zeit hat man es grundsätzlich in Frage gestellt. Wie das Institut für Baumpflege in Hamburg herausfand, ist der »Baumschnitt im Winterhalbjahr für viele Baumarten ungünstig«.[26] Werden Gehölze verletzt, reagieren sie darauf mit unterschiedlichen Strategien: Zunächst schließen die Zellen die Schotten, um ein tieferes Eindringen von Luft in das Gewebe zu verhindern. Gegen Mikroorganismen, die das Holz angreifen, werden spezielle Substanzen abgesondert. Es entsteht eine Grenze, die das gesunde vom verletzten Gewebe abschirmt. Schließlich wuchern am Rande der Wunde vermehrt neue Zellen zu einem Wulst heran, der die Wunde allmählich verschließt.

Bäume sind demnach gut gegen Verletzungen gewappnet. Dafür müssen sie jedoch voll im Saft stehen. Im Winter aber befinden sie sich in einer Ruhephase. Reservestoffe, die nötig wären, um die Wunde abzuschotten, werden nicht mobilisiert. Wunden trocknen aus und bieten Schlupflöcher für Sporen und Keime.

Während der Vegetationszeit können Gehölze dagegen sofort reagieren. Zwischen April bis Juni überwallen sie ihre Wunden sehr schnell und ab Mai schotten sie die frischen Schnittstellen am effektivsten ab, stellten die Wissenschaftler fest.[27]

Konflikte bahnen sich allerdings mit dem Naturschutz an. Singvögel halten im Frühjahr und Frühsommer die Baumwipfel besetzt, um dort ihre Jungen aufzuziehen. Daher wird mittlerweile empfohlen, mit dem Schneiden bis zum Spätsommer zu warten.

Blumenwiesen sind ein Kinderspiel

Der Handel vertreibt bunte Saattüten mit der Aufschrift »Wiesenblumenmischung«. Auf der Rückseite wird erklärt, was getan werden muss: »Die einjährige Mischung kann ab Ende März an einem sonnigen Platz direkt im Freiland ausgesät werden.« Das klingt doch spielend einfach! Gut, vielleicht sollte das Beet noch geebnet, die Samen gut verteilt und noch etwas eingeharkt und oberflächlich angeklopft werden. Dann keimen nach wenigen Wochen Kornrade, Klatschmohn, Wiesenmargerite und Natternkopf – und fertig ist die blühende Wiese, oder?

Die Wirklichkeit sieht anders aus. Es mag sein, dass auf dem Stück Land anfangs tatsächlich etwas blüht. Aber das ändert sich schnell. Im Handumdrehen werden die Blumen von Gräsern verdrängt. Denn Gartenböden sind gewöhnlich mit Nährstoffen gesättigt. Das gibt den Gräsern, deren Samen ebenfalls im Boden schlummern, einen Standortvorteil. Zum Anlegen einer Blumenwiese gehört daher mehr als das Ausstreuen von Samen – zumindest dann, wenn das Blühen nicht ein einmaliges Erlebnis bleiben soll.

Erst wenn der Boden arm an Nährstoffen ist, treiben dort zuverlässig Jahr für Jahr Blumen ihre Blüten. Dazu muss die Erde abgemagert werden. Das ist Knochenarbeit: Zuerst schält man die oberste Erdschicht etwa handbreitdick ab. Dann wird eine Lage Sand von gleicher Stärke verteilt und schließlich spatentief mit dem darunter liegenden Boden vermischt. Jetzt kann das Saatbeet vorbereitet und die Blumen können ausgesät werden. Von den rund drei Dutzend Arten einer Wiese blühen im ersten Jahr die Einjährigen und im folgenden Jahr erst die Mehrjährigen. Die Anlage braucht also wirklich Zeit, um sich zu entwickeln.[28]

Alternativ lassen sich Stauden in eine schon bestehende Rasenfläche pflanzen. Voraussetzung hierfür ist ebenfalls ein nährstoffarmer Untergrund. Häufig reicht es schon, wenn der Rasen über Jahre nicht gedüngt und die Mahd regelmäßig abtransportiert wurde. Der englische Gartenschriftsteller Christopher Lloyd hat in seinem berühmten Garten Great Dixter in East Sussex diverse Möglichkeiten ausprobiert, eine Wiese zum Blühen zu bringen. Er empfiehlt »vorgezogene Sämlinge und Kleinballenstauden … Mit einem Zwiebelpflanzer lässt sich fast alles ausgesprochen bequem in Rasen pflanzen«[29]. Es werden also Rasenstücke ausgestochen und durch kleine Pflanzen ersetzt.

Eine Wiese ist natürlich eine hübsche Variante zum Rasen. Man kann sie beispielsweise wachsen lassen und nur Flächen frei halten, auf denen man spazieren und sitzen möchte. Das spart Arbeit und verleiht dem Areal reizvolle Konturen. Die langen Halme von Gräsern und Blumen werden erst geschnitten, wenn sie umzuknicken beginnen. Das ist meist zwischen Ende Juni und Mitte August der Fall. Dafür sind spezielle Balkenmäher oder eine Sense nötig. Zum Herbst fällt ein zweiter Schnitt an. Zweimal Mähen pro Jahr – das reicht völlig aus.

Es darf also durchaus geträumt werden – von einer Wiese mit langstieligen Mohnblumen, die sich schmetterlingsumtanzt im Sommerwind wiegen. Kein lästiges Rasenmähen mehr. So wird das Leben nicht nur schöner, sondern auch leichter. Aber eben erst, nachdem die harte Arbeit getan ist. Die Anlage der Blumenwiese ist schließlich kein Kinderspiel.

BLUMENZWIEBELN SOLLTE MAN ALS DRAINAGE SAND INS PFLANZLOCH GEBEN

In den Septemberheften der Gartenzeitschriften findet man zum Thema Blumenzwiebeln meist auch folgenden Tipp: Man solle beim Pflanzen als Drainage etwas Sand oder feinen Kies ins Pflanzloch geben, da die Zwiebeln gegen Staunässe empfindlich sind. Wie schon eine einfache Überlegung deutlich macht, ist diese mühselige Maßnahme für die Katz. Man stelle sich einen schweren Lehmboden vor, in dem das Wasser nur sehr langsam versickert. Dort wird jetzt ein kleines Loch ausgestochen, etwa 15 Zentimeter tief und zehn Zentimeter im Durchmesser. Wird diese Fläche kräftig beregnet, füllt sich das Loch in null Komma nichts mit Wasser. Daran ändert sich auch nichts, wenn vorher Sand oder Kies in das Loch gefüllt wurden. Denn der Lehm ringsum ist fast so dicht wie eine Folie. Und die Zwiebel hockt in ihrem Loch wie in einem kleinen Pool.

Einige Blumenzwiebeln kommen mit feuchtem Untergrund besser zurecht wie Schachbrettblumen und die meisten Narzissen. Die Mehrheit, insbesondere Tulpen und Zierlauch, sind von Natur aus eher an trockene Steppenböden gewöhnt. Sie mögen keine stehende Nässe. Daher sollte man vor der Pflanzung die gesamte Fläche drainieren. Davon profitieren auch andere Gewächse wie Rosen und viele Stauden, etwa Lavendel, Ziersalbei, Thymian und Schleierkraut. Man mischt eine Schicht von rund 15 Zentimetern, jeweils die Hälfte Kompost und Sand, etwa spatentief in die Erde ein. Der Sand lässt sich auch durch feinen Kies oder Splitt ersetzen. Die groben Bestandteile verändern die Bodenstruktur. Es entstehen große Poren, in denen das Wasser abfließen kann, und die sich dann schnell wieder mit Luft füllen. Der Kompost stabilisiert und belebt diese Strukturen.

Die Arbeit ist schwer, wenn man sie von Hand mit einem Spaten oder einer Grabgabel ausführt. Leichter wird es mit einer Motorfräse, die den Boden umwühlt. Wenn der Boden sich als sehr lehmig herausstellt, ist es in jedem Fall eine gute Entscheidung, dies vor der Pflanzung zu erledigen. Es vereinfacht alle weitere Gartenarbeit und schafft für alle beliebten Gewächse deutlich bessere Startchancen.

DEN COTTAGE-GARTEN HABEN BRITISCHE LANDARBEITER ERFUNDEN

Mit Stroh gedeckte, schlecht verputzte Hütten – das waren die sogenannten Cottages der Landarbeiter im 19. Jahrhundert. Die Menschen, die hier hausten, hatten kaum Geld und noch weniger Freizeit. Sie lebten mit dem Vieh unter einem Dach und bestellten den Boden vor der Tür mit Obst und Gemüse. Mischten sich Wildkräuter dazwischen, wurden diese geduldet. Die Leute hatten einfach keine Zeit, die Beete sauber zu halten. Teils wuchsen auch Heilkräuter darunter, um die spärliche Hausapotheke zu ergänzen. Seifenkraut und Lavendel ließen die Wäsche frisch duften. Blumen waren als Ware dabei: Um sie auf dem Markt zu verkaufen und damit die Haushaltskasse aufzubessern. Jeder frei werdende Quadratmeter wurde gleich wieder nutzbar gemacht, denn nackter Boden wäre schlichtweg Verschwendung gewesen. Von außen betrachtet herrschte hier ein wildes Durcheinander, das sich mehr oder weniger selbst regulierte. Und mit dem, was zu Beginn des 20. Jahrhunderts unter dem Namen »Cottagegarten-Stil« den englischen Garten berühmt machte, hatten die Nutzgärten der armen Landbevölkerung kaum etwas gemein.

»Ich liebe Gärten von überwältigender Fülle, in denen sich die Blumen aufs Geratewohl ausbreiten können. Pflanzen müssen mich überraschen, etwa Veilchen, die plötzlich in einem verborgenen Winkel auftauchen, und Stockrosen, die sich aus den breiten

Fugen eines Weges zwängen. Klassische Staudenbeete sind mir viel zu starr und festgelegt. Beete müssen dicht bewachsen sein, sodass kein Boden mehr zu sehen ist«[30], schwärmte Nancy Lancaster, die große Dame der britischen Gartenkultur. Gemeint war damit eben jener Stil, den man als »Cottagegarten« bezeichnet – eine wildromantische Art des Gärtnerns mit altmodischen Pflanzen wie Nelken, Rittersporn, Sommersalbei, Mohn, Fingerhut, Bartnelken, Geißblatt und Rosen, deren schalenförmige Blüten in samtartigen Rot- und Rosatönen betörend duften.

Die Lady amerikanischer Herkunft verkehrte im Kreis um Winston Churchill. Legendär war eine ihrer Sommerpartys im Jahr 1938 auf ihrem Gut Ditchley Park in Oxfordshire, bei der die exzentrische Hausherrin den 2.000 geladenen Gästen einen strengen Dresscode auferlegte: Alle Damen sollten sich rot oder weiß und die Herren ganz in Schwarz kleiden. Auch für die Kunst des Gärtnerns besaß die Lady ein besonderes Händchen. Der ausgefallene Bepflanzungsstil, den sie pflegte, wurde in der besseren britischen Gesellschaft salonfähig.

Die Metamorphose von den schlichten Gärten der Landarbeiter zu Lady Lancasters üppigen Gartenparks war kein einfacher, geradliniger Prozess, wie viele meinen. Sie war das Ergebnis einer Idealisierung des Landlebens, die die Künstler ins Bild setzten. Von außen betrachtet besaßen die bunten Flickenteppiche vor den ärmlichen Hütten ja durchaus eine eigentümliche Schönheit. Das nahmen zuerst die Maler wahr. Helen Allingham zog um die Jahrhundertwende mit ihrer Staffelei übers Land. Nach Jahrzehnten der Industrialisierung hatten viele Menschen das laute, unruhige Leben in den rasant wachsenden Städten satt. Idyllische Bilder, die das Landleben verklärten, trafen den Nerv der Zeit und beflügelten eine zu Wohlstand und Ansehen gekommene Mittelschicht, sich aus den Ballungszentren abzusetzen. In der Zeitschrift *Country Life* heißt es 1899: »Das Leben in der Stadt wird von Jahr zu Jahr unerträglicher, und Leute mit moderatem Einkommen, die sich schon lange nach einem bescheidenen Haus auf dem Land gesehnt haben, fangen an, ihre Wünsche zu verwirklichen.«[31] Diese kaufkräftigen Interessenten bescherten Architekten, Handwerkern und Gärtnern eine lukrative Auftragslage.

Davon profitierte auch die »Arts-and-Crafts-Bewegung«, die sich um 1880 als Reaktion auf die industrielle Massenproduktion formierte. Im Kern stand die Rückbesinnung auf handwerkliche Qualität, natürliche Materialien und einfache Verarbeitungsweisen. Architekten waren angehalten, Häuser zu entwerfen, die mit der Landschaft und den lokalen Gegebenheiten harmonierten. Die strikte Trennung von Außen- und Innenräumen wurde aufgehoben. So kam auch dem Garten mehr Gewicht zu, der als eine Erweiterung des Hauses, als ein zusätzlicher Lebensraum galt. Gertrude Jekyll gab den Gärten dieser Zeit eine stilistisch eigenständige Form. Sie hatte in London Kunst studiert, Vorlesungen des Arts-and-Crafts-Erfinders John Ruskin gehört und dessen umtriebigen Mitstreiter William Morris in den Werkstätten seiner Dekorationsfirma Morris, Marshall, Faulkner & Co. kennengelernt. In botanischer Hinsicht übte William Robinson den stärksten Einfluss auf sie aus. Der gelernte Gärtner gilt als Begründer der Naturgartenbewegung. Im Gegensatz zu den streng angelegten viktorianischen Parks schwebten ihm Gärten vor, in denen die ordnende Hand unsichtbar blieb zugunsten eines naturähnlichen bunten Durcheinanders. Für diesen natürlichen Gartenstil entwickelte Gertrude Jekyll das ästhetische Regelwerk.

Ein Freund von ihr beschreibt Jekylls frühe Gärten als die »perfekte Wildnis«. Sie brachte das Blumenrepertoire der schlichten Cottagegärten mit den attraktiven Staudensorten zusammen, die Züchter mittlerweile aus vielen Wildpflanzen ausgelesen hatten. Ihr Studium der Farbenlehre, die intensive Beschäftigung mit Malern wie Monet, Cézanne und Turner sowie ihr außergewöhnliches Talent machten sie selbst zu einer Künstlerin, die es verstand, Rabatten virtuos wie Gemälde zu komponieren, die am Ende aussahen wie Abbilder der Natur. In dem Architekten Edwin Lutyens fand sie einen kongenialen Partner, der ihren malerischen Pflanzungen einen klaren Rahmen gab.

Zusammen begründeten sie die Tradition des »English Garden«, diese Mischung aus geschnittenen Hecken, Natursteinmauern und überbordenden Staudenbeeten, zu dessen Paradebeispielen Sissinghurst Castle in Kent gehört. Vita Sackville-West und ihr Mann Harold Nicolsen gestalteten die weitläufige Anlage ab 1931. Einer der schönsten Teile von Sissinghurst neben dem berühmten »Weißen Garten« heißt »Cottagegarten«. Doch auch wenn der Name eine andere Deutung nahe legt: Zwischen den wilden Nutzgärten der Landbevölkerung und diesem kunstvoll geordneten Chaos liegen Welten.

DICKMAULRÜSSLER SIND ZU FLINK, UM SIE WIEDER LOSZUWERDEN

Barbara Friedrich, die Chefredakteurin des angesehenen Architekturmagazins *Architektur und Wohnen,* hatte einen ungebetenen Gast: einen winzigen schwarzen Käfer namens »Gefurchter Dickmaulrüssler«. Sie lebte im fünften Stock eines Stadthauses in bester Hamburger Lage. Auf der Terrasse standen üppig bepflanzte Terrakottakübel, um deren Pracht sie sich sorgte. Der kleine Gast hatte es nämlich darauf abgesehen. Der Dickmaulrüssler war unbemerkt mit Pflanzen aus einer Gärtnerei eingeschleppt worden. Nun durchlöcherte er die arglosen immergrünen Rhododendrenbüsche.

»Er wurde zu meinem Erzfeind«, machte sie ihrem Ärger nach vier Jahren vergeblichem Feldzug gegenüber ihren Lesern Luft, »und ich zur Mörderin.«[32] Das rund zehn Millimeter große Biest, berichtete sie, war schwarz wie die Nacht und richtete Blattränder und Knospen übel her. Das mit Chitinpanzer bewehrte Insekt hatte schon Bougainvillen, Knöterich und Efeu befallen. Da der Winzling immer nur nachts attackiere, habe sie sich ein Arsenal ausgetüftelter Waffen zugelegt: mehrere Taschenlampen und eine mit doppeltem Klebeband umwickelte Grillzange. Blatt für Blatt führte sie ihren Partisanenkampf und gestand: »Mordlüstern spüre ich die schwarzen Kerle auf und dann ›knack‹.« Doch die blinden Käfer hatten eine nicht weniger erfolgreiche Abwehrstrategie. Sie ließen sich bei der kleinsten Erschütterung blitzschnell fallen und retteten sich so auf den dunklen Untergrund. Dort konnte sie nicht einmal mehr eine lichtstarke Taschenlampe aufspüren. Es versteht sich von selbst, dass die gebeutelte Balkongärtnerin den gefräßigen Truppen mit diesen Mitteln nicht Herr wurde.

Ein häufig gegebener Rat lautet, die Käfer einfach abzusammeln. Wie man sieht, ist dies selbst bei ausgeklügelter Technik zwecklos. Der Kampf gleicht dem gegen Windmühlenflügel. Und zwar noch aus einem ganz anderen Grund als deren perfider Tarzantechnik. Der flinke Käfer selbst ist nämlich gar nicht das eigentliche Übel. Der knabbert nur ein bisschen an Blättern und Knospen. Viel, viel schlimmer sind dessen gefräßige Larven. Die bleichen, zwölf Millimeter langen, leicht gekrümmten Erdbewohner zermalmen das gesamte Wurzelwerk einer Pflanze. Plötzlich beginnen diese zu welken. Der anfängliche Verdacht, sie litten Durst, weicht der jähen Entdeckung, dass sie aus dem Untergrund heraus aufgefressen wurden. Nach einem leichten Zupfen hält man die Pflanze mit Stumpf und Stiel in der Hand. Ein Fitzelchen Wurzel sucht man daran vergebens. Die Larven sind anders als die Käfer jedoch träge. Sie verbeißen sich in die Wurzelhärchen und wären dort eine leichte Beute. Doch wer will die Pflanzen zu diesem Zweck aus dem Boden buddeln?

Zum Glück gibt es eine viel cleverere Lösung: eine lautlose Eingreiftruppe, die gerne in die Tiefe abtaucht. Räuberische Nematoden der Gattung *Heterorhabditis* sind auf die Larven der Dickmaulrüssler programmiert. Die 0,1 Millimeter großen Fadenwürmer können bei unterschiedlichen Firmen bestellt werden.[33] Sie kommen per Post, werden in Wasser verrührt und mit einer

Gießkanne um die Pflanze herum ausgebracht. Zwischen August und September ist dafür die beste Zeit. Der Boden ist noch warm, sodass sich die Würmer rasant vermehren und dann in Scharen über die trägen Larven hermachen. Sind die Larven erledigt, bleiben die Wurzeln intakt und die nächste Käfergeneration bleibt aus. Da kann der Dickmaulrüssler noch so flink sein.

FRISCH EINGETOPFTE PFLANZEN MÜSSEN GUT FEUCHT GEHALTEN WERDEN

Viele Sommerblumen, die man im Frühjahr kauft, stecken in beängstigend kleinen Töpfen. Ob Pelargonien, Petunien oder Fleißige Lieschen – ihre Wurzeln sind von extrem engen Miedern aus schwarzem PVC umschlossen. Hat man die blühenden Trophäen aus der Gärtnerei nach Hause gebracht, sollte man die einzwängenden Gefäße baldmöglichst abstreifen. Häufig zeigt ein dichter Wurzelfilz, dass die Befreiung längst überfällig war. Nun also rasch frische Erde und ein schönes großes Gefäß hergenommen. Dahinein werden die leicht ramponierten Errungenschaften gebettet und kräftig gewässert. Nachdem nun die fürsorglichen Gene schon mal aktiviert sind, wird auch in den kommenden Tagen nicht mit Wasser gespart. Auf diese Weise, so die Hoffnung, kommen die Geschundenen schnell wieder zu Kräften.

Das Gegenteil ist der Fall. Nach dem Topfen müssen die Pflanzen einmal ordentlich gegossen werden. So weit ist es richtig. Doch dann heißt es, sich mit dem Gießen zurückzuhalten. Der Grund ist einfach. Etwas Mangel stimuliert das Wachstum der Pflanzen am wirkungsvollsten, vor allem das der Wurzeln. Wird die Erde um den Ballen herum allmählich trocken, beginnen die Wurzelspitzen sich zu regen. Sie reagieren auf einen Impuls: Hoppla, da ist keine Feuchtigkeit mehr, also machen wir uns mal besser auf die Suche nach Wasser. Wurzelhärchen beginnen, in alle Richtungen zu sprießen und durchdringen in null Komma nichts die frische Erde. Bei der Gelegenheit saugen sie auch den Dünger auf. Das möchte der Gärtner natürlich erreichen. Das Wurzelwachstum sendet ein Signal an den Rest der Pflanze, die sich nun insgesamt regt und auch die oberirdischen Triebe in die Länge streckt.

Päppelt man frisch getopfte Pflanzen jedoch mit Wasser, schalten sie auf bequem. Warum sollte sich ein Würzelchen krümmen, wenn das feuchte Nass von oben reichlich rieselt? Manchmal passiert wochenlang nichts und der Gärtner wundert sich, warum die Pflanzen nicht anwachsen.

Also: In den ersten vier Wochen nach dem Topfen sollen die Pflanzen nur mäßig gegossen werden. Sie dürfen etwas Durst leiden, aber natürlich nicht verdursten. Danach wird in ganz normalen Intervallen gewässert, immer dann, wenn die Erde oberflächlich trocken ist. Da die Düngervorräte der meisten Blumenerden ebenfalls nach etwa vier Wochen aufgebraucht sind, reichert man das Gießwasser einmal wöchentlich mit Flüssigdünger an.

DIE ENGLÄNDER SIND DIE VORREITER EUROPÄISCHER GARTENKULTUR

Was für ein Fest: Wenn im Juni in den Gärten von Sissinghurst Castle Fackellilien wie Taktstöcke über den Blütenschirmen der Schafgarbe kreisen, wenn Fingerkraut, Taglilien, Königskerzen und Feuerwolfsmilch in die Symphonie aus Gelb, Rot und Orange einstimmen, dann strömen Heerscharen von Besuchern durch die berühmten Beete im südenglischen Kent. Ihre Farbenpracht hat das Bild einer perfekten Staudenanlage entscheidend geprägt. Mit ihr lieferten britische Gärtner in der Mitte des 20. Jahrhunderts erneut eine stilistische Vorlage, die weltweit kopiert wird. Und sie ist nur die renommierteste Anlage in einer langen Reihe britischer Gärten, die ihr ebenbürtig sind. »English Borders« und »English Gardens« haben vor allem im letzten Jahrhundert Maßstäbe innerhalb der grünen Zunft gesetzt. Mit ihnen verbunden sind Namen wie Gertrude Jekyll, Vita Sackville-West, Rosmary Verey, Penelope Hobhouse und Christopher Lloyd. Sie haben sich weit über die Grenzen des Königreichs hinaus Geltung verschafft.

Doch seit bald 30 Jahren erregt ein Werk Aufsehen, das mit der Tradition, Beete allein nach ästhetischen Gesichtspunkten anzulegen, radikal bricht. Und, oh Wunder: Dieses Buch stammt nicht aus dem Inselland der Gärten, sondern aus Deutschland. Es heißt *Die Stauden und ihre Lebensbereiche* und wurde federführend von dem Gartenbauwissenschaftler Richard Hansen geschrieben.[34] Er lehrte jahrzehntelang an der Fachhochschule Weihenstephan und der Technischen Universität München-Weihenstephan und begründete dort einen der schönsten Staudengärten Deutschlands. 1993 wurde das Buch ins Englische übersetzt und macht seitdem im Königreich Furore.

Erst vor knapp 100 Jahren startete die Erfolgsgeschichte der Stauden[35]. Eine Garde junger Züchter hatte aus einer überwältigenden Vielfalt prachtvolle Sorten ausgelesen, die nun die Gärten eroberten. Die winterfesten Schönheiten bezauberten durch ihren natürlichen Charme und wurden enthusiastisch von den Menschen aufgenommen, deren Lebensgefühl Jugendstil und Expressionismus geprägt hatten. Während englische Gartengestalter die Beete vor allem nach den Gesetzen der Kunst komponierten, blieb die deutsche Zunft dem Naturideal treu. So prägte der berühmte Züchter Karl Foerster schon zu Beginn des 20. Jahrhunderts den Begriff »Wildnisgartenkunst«. Der charismatische Gärtner aus Potsdam zog viele Gleichgesinnte an, darunter Richard Hansen. Mitte der Dreißigerjahre arbeitet der 1912 geborene Kieler dort als Gehilfe, was seinen Blick auf die Welt der Stauden entscheidend geprägt hat.[36]

Der spätere Gartenbauprofessor entwickelte eine Gestaltungslehre, die sich die Pflanzengesellschaften in der Natur zum Vorbild nimmt. So verfolgte er die Lebensbedingungen einzelner Stauden zurück an ihren natürlichen Standort. Viele Zierfarne beispielsweise wuchsen ursprünglich im Wald ebenso wie Silberkerzen, Herbstanemonen und Funkien. Sie sind daran gewöhnt, dass mächtige Baumkronen sich über ihnen ausbreiten, die das Licht filtern und die Luft kühl halten. Ihre Wurzeln saugen aus den feuchten Laubschichten am Boden lebensnotwendige Nährstoffe. Die Walderde ist reich an Humus, der sich nach und nach zersetzt und den Pflanzen beste Lebensbedingungen bietet. Im Garten werden sie sich dort wohl fühlen, wo sie ähnlich gut versorgt sind.

Andere Pflanzen besiedeln im Wald Plätze, an denen sie das Sonnenlicht mehr verwöhnt, etwa Lichtungen und offene Waldränder. Natürlich wirken sich auch Niederschlagsmenge und Bodenart auf das Wachstum aus, sodass manchmal selbst Schattenexistenzen besser mit Trockenheit und schmaler Kost zurechtkommen als Bewohner fetter Bergwiesen. Hansen unterscheidet für den Garten sieben Lebensbereiche, die sich an den Naturstandorten Wald, Waldrand, Steppe, Schotterflächen, Gebirge, Sumpf und Wasser orientieren.

Pflanzen, die durch Züchtung stark verändert wurden, haben den Bezug zu ihren natürlichen Wurzeln so weit verloren, dass sie von ihm in einer eigenen Gruppe, dem »Lebensbereich Beet«, zusammengefasst wurden. Dazu gehören Stauden wie Taglilien, Pfingstrosen, Phlox und Rittersporn. Ohne die Fürsorge des Gärtners wären diese Arten hoffnungslos verloren.

Hansens Gliederung der Staudenwelt eröffnet ganz neue Gestaltungsmöglichkeiten, das haben mittlerweile auch die Briten erkannt, vor allem jene, die nicht länger nur auf die eigene Tradition pochen. Mehr noch: Der britische Gartenarchitekt Christopher Bradley-Hole, der auf der renommierten Chelsea Flower Show schon diverse Goldmedaillen für die beste Gestaltung gewonnen hat, behauptet sogar, der durch

Rasenflächen, Kletterrosen, Staudenbeete und Cottage-Style-Pflanzen geprägte englische Gartenstil habe im Mutterland selbst den »Fortschritt verhindert und zum Stillstand geführt«.[37] Seiner Meinung nach revolutionierte die deutsche Art der Staudenverwendung die Garten- und Landschaftsgestaltung in England. Die »ökologisch bewusste Art der Verwendung von Stauden und Gräsern«, die Hansen aufbauend auf Karl Foersters Erkenntnissen entwickelt hatte, sei wegweisend.

Noel Kingsbury, britischer Staudengärtner und Gartengestalter aus Bristol, pflichtet seinem Kollegen bei: »Gerade der Pflanzenökologie hat die britische Pflanzenverwendung bisher zu wenig Aufmerksamkeit geschenkt«[38], schreibt er mit Blick auf die Staudenbeete im Münchener Westpark, die nach den Grundsätzen Hansens für die IGA 1983 naturnah und abwechslungsreich angelegt worden waren. Die britischen Gärtner dagegen seien»traditionell … eher selbstgefällig«[39].

Auf dem europäischen Festland hat sich neben Hansen auch der niederländische Gestalter Piet Oudolf einen Namen gemacht. Er setzt mittlerweile weltweit neue Maßstäbe. Hohe Gräser und Halme, rauschendes Chinaschilf und naturhafte Stauden prägen seine Handschrift. Oudolfs Gärten erinnern an Dünenlandschaften und sie sind zu jeder Jahreszeit schön, auch noch im Winter. Eine genaue Betrachtung offenbart, dass der wildnishaften Anmutung eine exakte Komposition zugrunde liegt, die sich mehr an Formen der Gewächse als an deren Blütenfarben orientiert. In einer seiner populärsten Anlagen, dem »Garden of Remembrance« für die Opfer des 11. September im Battery Park von Manhattan (New York), ist auf diese Art etwas Einmaliges gelungen: Sie macht das Thema Sterben sichtbar – in einer Ästhetik des Verblühens.

Auch Piet Oudolf beruft sich auf den deutschen Staudenzüchter Karl Foerster. Für ihn ist er ein »Held, wegen seiner unkonventionellen Art, Pflanzen zu betrachten.«[40] Es war vor allem Foersters Liebe zu Gräsern und anderen von der Züchtung wenig beeinflussten Pflanzen, die den Holländer beeindruckte. Die Musik des Gartendesigns und der prachtvollen Beete spielt also nicht mehr ausschließlich im Königreich der Greenfinger. Dass dies mittlerweile von den Briten auch selbst anerkannt wird, dafür ist die Goldmedaille der beste Beweis, die Piet Oudolf im Mai 2000 auf der Chelsea Flower Show in London für einen Gartenentwurf einheimste, den er dort zusammen mit dem Kollegen Arne Meynard präsentiert hatte.

ERDBEEREN SIND BEERENFRÜCHTE

Der Lehre der Herkunft und Bedeutungen von Worten – kurz: der Etymologie – zufolge dürfte kein Zweifel daran bestehen, dass es sich bei den aromatischen roten Sommerfrüchten um Beeren handelt. Über die Erdbeere schreibt 1943 der Botaniker Heinrich Marzell in seinem *Wörterbuch der Deutschen Pflanzennamen*: »Der Name bedeutet die nahe an der Erde wachsende Beere.«[41] Er bezieht sich auf seinen humanistischen Kollegen und Arzt Hieronymus Bock, bei dem es 1551 heißt: »diß kraut kreücht und fladert auff der erden.«[42]

Hildegard von Bingen nennt die Pflanze in ihrem um 1150 erschienen Werk *Physica,* in dem sie die Heilkräfte der Natur beschwört: *Erpere.* Dieser Form steht das mittelhochdeutsche *ertber* zur Seite, das zu Bingens Zeit gesprochen wurde. Zuvor im Althochdeutschen heißt die Pflanze *ertberi.* In all diesen Bezeichnungen klingt die Beere an, ebenso wie in vielen mundartlichen Bezeichnungen wie »Rotbeere«, »Rankbeere« und »Flohbeere«. Letztere bezieht ihren Namen von den flohgroßen Samen, die gut sichtbar im Fruchtfleisch stecken.

Die Samen nun haben das Geheimnis der Erdbeere verraten. Nachdem Botaniker diese nämlich genauer unter die Lupe genommen hatten, kamen sie zu dem überraschenden Schluss: Es handelte sich bei den roten Früchten nicht um Beeren, sondern um Nüsse, genau genommen um Sammelnussfrüchte. Zu dieser interessanten Erkenntnis bedurfte es zunächst der Morphologie. Auf sie wird später zu kommen sein.

Der Reihe nach: Im 16. Jahrhundert kommt der italienische Arzt und Philosoph Andrea Cesalpino als einer der ersten Naturforscher zu einer klaren Gliederung des Pflanzenreichs. Er unterscheidet Holzgewächse und Kräuter voneinander. Als weiteres Kriterium zieht er den Bau und die Samenzahl der Früchte heran. Sein System fasst zum Beispiel Sträucher mit einsamigen Früchten wie Haselnuss, Eiche und Pflaume zusammen sowie Kräuter mit vielen Früchten wie Sonnenblumen, Mohn und Baumwolle. Dafür erntet er noch zwei Jahrhunderte später Lob vom schwedischen Naturkundler Carl von Linné, dem Begründer der modernen Pflanzenordnung.

Trotz scharfer Beobachtungsgabe geriet dem Italiener allerdings einiges durcheinander. Er übersah die Bedeutung der Blüte für die Systematik und erklärte eine Sexualität der Pflanzen für absolut unmöglich.[43] Dafür hätten die Pflanzen, so Cesalpino, eine Seele, die genau am Verbindungsstück von Wurzel und Spross sitze. Auch unterschied der Forscher nicht deutlich genug zwischen den Merkmalen, die die äußere Gestalt einerseits und die Lebensvorgänge der Pflanzen andererseits betreffen – heute würden wir sagen: zwischen ihrer Morphologie und ihrer Physiologie.

Einer, der genauer hinschaute, war rund 200 Jahre später der deutsche Dichterfürst aus Weimar. Johann Wolfgang von Goethe habe sich erstmals bemüht, »die mannigfaltigen Abwandlungen der Pflanzengestalt in ihrem Zusammenhang zu erfassen«[44], lobt der Wissenschaftshistoriker Karl Mägdefrau. 1796 prägte der Dichter den Begriff Morphologie, der heute noch im gleichen Sinne benutzt wird. Die Morphologie entwickelte sich innerhalb der Biologie zu einer eigenständigen Disziplin. Sie versucht, die Formen der Pflanzen und deren Organe exakt zu beschreiben.

Samen sind der Morphologie nach in der Regel Teil einer Frucht. Sie entstehen im Fruchtknoten der Blüte, wo sie von Fruchtblättern umgeben sind. Nach der Befruchtung, also dem Eindringen des Pollens in die Narbe und dessen Verschmelzung mit Eizellen, beginnt die Entwicklung der Samen. Aber nicht von ihnen, sondern von den Fruchtblättern hängt ab, wie die Früchte später aussehen – und davon wiederum oft ihre Bezeichnung. Zur Entstehung einer Beerenfrucht trägt bei, dass die Fruchtblätter »stark anschwellen und zunehmend saftiger werden«[45], so der Biologe Wolfgang Franke. Die Samen befinden sich schließlich im Inneren der Beere. Sie kommen erst frei, wenn die Fruchtwand verrottet oder aufgefressen wird.

Wie ist es nun aber mit den Erdbeeren? Viele ihrer Samen sind von außen sichtbar. Schon allein das spricht gegen die Beeren-Zugehörigkeit. Typische Beerenfrüchte sind Stachel-, Johannis-, Blau-, Heidel- und Preißelbeeren. Doch auch Weintrauben, Wassermelonen, Bananen, Gurken, Granatäpfel und sogar die Zitrusarten gehören zu dieser Gruppe.

Für Nussfrüchte, zu denen die Erdbeeren zählen, ist charakteristisch, dass der oder die Samen von einer harten, holzigen Schale umschlossen sind, wie bei der Haselnuss, der Erdnuss, der Kokosnuss, der Mandel und auch bei der Sonnenblume. Es handelt sich dabei jeweils, wie gesagt, um Früchte. Genießbar sind aber nur deren Samen. Bei der Erdbeere ist weder die Frucht noch der Same sonderlich schmackhaft. Was wir uns als saftiges Fruchtfleisch auf der Zunge zergehen lassen, ist der ehemalige Blütenboden der Pflanze, der verführerisch saftig angeschwollen ist. In ihm stecken viele kleine harte Nussfrüchte, die zwischen den Zähnen knacken, wenn man eine Erdbeere verspeist. Genau genommen sind Erdbeeren daher Sammelnussfrüchte, genauso wie die Hagebutten der Rosen.

DEM FROST SIND BLÜTEN MACHTLOS AUSGELIEFERT

Im April eines jeden Jahres erblüht die Zukunft einer ganzen Branche. Kirschen, Pflaumen, Äpfel und Birnen sprengen ihre Knospen und das erfüllt die Obstbauern mit Hoffnung auf reiche Erträge. Wovon sie jetzt bitte verschont bleiben mögen, sind frostige Frühlingsnächte. Denn schon wenige Grade unter Null können den zarten Blüten den Garaus machen. Und ohne sie fiele die Ernte aus. Oft entscheidet eine einzige Nacht darüber, ob das Jahr erfolgreich oder ruinös für den Berufsstand ausfällt.

Wie gut, dass die Obstbauern dieser Bedrohung nicht völlig machtlos ausgeliefert sind. So teilt ein Arbeitskalender die Blühphasen in zehn verschiedene Stadien, vom Knospenaufbruch über Mausohrstadium und Vollblüte bis zur Kurznachblüte. Jedes benötigt spezielles Augenmerk und Sonderbehandlung. Jedes Blühstadium kann der Kälte unterschiedlich gut widerstehen. Neben dem Bett der Bauern lauert daher etwa drei Wochen lang eine schwarze Box, die losschrillt wie eine Katze, der man auf den Schwanz tritt, wenn draußen die Temperaturen dramatisch fallen. Frostalarm! Dann schlüpfen sie in ihre Arbeitsklamotten und eilen zu den Plantagen, wo Reihen weiß blühender Baumkronen in klarer, mondheller Nacht leuchten, als wäre frischer Schnee auf sie gefallen.

»Die Zeit der Blüte ist die alles entscheidende Phase im Jahr«, sagt Julius Schuldt, Obstbauer im südlich von Hamburg gelegenen Alten Land, einem der größten Anbaugebiete Europas. Wer die verschläft, der kann rund 80 Prozent seiner Ernte abschreiben. In diesen Wochen wacht er nach dem Weckalarm nächtelang in einem alten Bauwagen und entscheidet vor Ort das weitere Vorgehen. Bleibt der Himmel wolkenlos, die Luft unbewegt und wird die kritische Temperaturmarke unterschritten, setzt der 51-Jährige die Frostschutzanlage in Gang. Tausende von Düsen besprühen daraufhin seine zehn Hektar große Plantage mit einem heftigen, doch sehr feinen Regen, der an den Pflanzen sofort gefriert und im selben Augenblick Wärme freisetzt. Eis ist nämlich energieärmer als Wasser. So paradox es klingt: Diese kleinen Energieschübe, ausgelöst durch fortlaufend gefrierendes Wasser, retten die Blüten vor dem Frosttod.

Doch nicht jedes Gewächs braucht die rettende Hilfe des Menschen gegenüber überraschenden Frosteinbrüchen. Der zierlich wachsenden, strauchförmigen Zaubernuss hat die Natur eine eigene Leitzentrale mitgegeben, die in kritischen Fällen die erforderlichen Abläufe selbst zuverlässig koordiniert. Die in Asien beheimateten Arten drängt es ab Januar zur Blüte – obgleich die gelben oder orangeroten Fransen, die wie Lametta von den kahlen Zweigen herabhängen, nicht gerade aussehen wie richtige Blüten. Die bizarren Puschel sind einzigartig. Dicht an dicht senden sie ihre Wir-sind-bereit-Botschaft an alle beflügelten Schwärmer, die sich mitten im Winter in ihre Nähe verirren. Doch selbst plötzlich hereinbrechende klirrende Kälte kann dem zarten Zauberkostüm nichts anhaben. Die langen, schmalen, hauchdünnen Blütenblätter rollen sich nämlich zu den Knospenschuppen hin zusammen und schützen so wie eine Packung Holzwolle den empfindlichen Fruchtknoten.

Steigen die Temperaturen über Null, machen sich die kleinen Fahnen wieder lang und wedeln verheißungsvoll bei jedem Luftzug. Um ganz sicher viel Aufmerksamkeit zu erregen, hat sich das Blütenkleid kräftig parfümiert. Dieser Mechanismus trotzt bis zum April fast allen Minusgraden. Bis dahin sind die Blüten bestäubt und das Laub ist ausgetrieben. Die Blätter sehen denen der Haselnuss ähnlich. Daher trägt der Stauch seinen Namen – und natürlich seiner außergewöhnlichen Blüten wegen, die wie von Zauberhand dem Frost ein Schnippchen schlagen.

GARTENARBEIT IST LÄSTIG

Erst kürzlich machte Nickolas Lavidis von der Universität Queensland eine erstaunliche Entdeckung: Der Geruch von frisch geschnittenem Gras wirkt Stress entgegen. Das berichtete die australische Tageszeitung *The Australian* am 26. August 2009 in ihrer Online-Ausgabe. Der Professor für Biomedizin setzte Ratten und Mäusen in einer Langzeitstudie unter ähnlichen chronischen Stress, wie ihn Menschen bei erschöpfender Arbeit erleben. Im Hippocampus der Tiere, einem Teil des Gehirns, machte sich die Dauerüberlastung durch Schrumpfen und damit verbundenen Funktionsstörungen von Nervenzellen bemerkbar. Doch, oh Wunder: Als man die gebeutelten Nager mit Essenzen frischen Grases benebelte, blieben die Störungen im Hirn aus. Auch 67 Studenten machten den Selbsttest: Sie stellten fest, dass ein »Eau de Gras«, extrahiert aus den Duftnoten des Grasschnitts, sich in Examenssituationen positiv auswirkte.

Eine Stunde Rasenmähen sollte lahme Geister also eigentlich aufputschen. Dennoch hört man Menschen immer wieder stöhnen: »Der Garten macht so viel Arbeit.« Es wird als Last empfunden, alles in Schuss halten zu müssen. Dabei ist der Druck meist selbst gemacht. Der Garten kann gar nichts dafür. Im Gegenteil: Er selbst kann uns helfen, diese Last loszuwerden.

Zu den fundamentalen Lebensbedürfnissen des Menschen gehört nicht nur das Bedürfnis nach einer schönen Umgebung. Sondern, wie der 1937 geborene Philosoph Gernot Böhme bemerkt, »das Bedürfnis nach Natur: nämlich dass da etwas ist, was von selbst da ist und ihn durch sein selbsttätiges Dasein berührt. Der Mensch hat ein tiefes Bedürfnis nach dem anderen seiner selbst. Er will nicht in einer Welt leben, in der er nur sich selbst begegnet.« In der Welt des Gartens gibt es keine Termine, keine getakteten Regelkreise oder engen Intervalle, nur den großen Rhythmus der Natur. Dieser tickt nach ureigenen Regeln: Perfekt und zuverlässig in seiner Bauart, den menschlichen Ansprüchen jedoch häufig genug zu wenig akkurat und regelbar. Wie gut, dass es ist, wie es ist, dass menschliche Maßstäbe in der Natur nicht zu ihrem Recht kommen und nur begrenzt intervenieren können. Ein gelbes Blatt ist eben wie ein graues Haar, es ist Teil eines natürlichen Kreislaufs und es ist sinnlos, sich gegen diesen zu stemmen. Lassen wir uns also darauf ein, setzen uns nicht unter Druck und tauchen zwischen Sprießen und Welken in diese andere Zeitrechnung ein.

Die erste Gärtnerregel lautet Gelassenheit. Nicht ohne Grund zeichnet richtige Grünfinger stoische Ruhe aus. Sie besitzen ein verblüffendes Vertrauen in die Abläufe der Natur. Wissen sie doch, dass sie diese höchstens im Kleinen und nur vorübergehend beeinflussen können, etwa wenn sie stellenweise Wildkraut herauszupfen oder Äste abschneiden. Ziehen sich die Hände zurück, sind deren Eingriffe in null Komma nichts Makulatur, verschwunden unter schnell sprießendem neuem Bewuchs. Denn die Fruchtbarkeit und Kraft der Natur sind unerschöpflich.

Auch die Abfolge der Jahreszeiten ist ein unaufhaltsamer Prozess. Aber: Wann genau die erste Frühlingsfrische kommt, wann die ersten Schwalben oder Rosenblüten erscheinen, das steht in keinem Kalender. Nie gleicht ein Jahr dem anderen, schon gar nicht im Garten – kein Grund zum Verzweifeln, eher einer zum Staunen und zum genauen Hinschauen. Wer geduldig und genau beobachtet, findet mit der Zeit heraus, was gut gedeiht, wo es gut gedeiht und welche Gewächse man besser aus den eigenen Beeten verbannen sollte.

Bevor der Gartenenthusiast also komplizierte Bepflanzungspläne austüftelt, stellt er sich besser innerlich darauf ein, Hand in Hand mit der Natur zu arbeiten. Am besten plant er Neupflanzungen so, dass die Auswahl der Arten zu Boden und Lichtverhältnissen des Standortes passen. Die Natur liefert dafür das Vorbild. Dort erobern Pflanzen Nischen, in denen sie sich gegen die Konkurrenz behaupten. Dahinter steckt ein weiser Verteilungsplan. Da nicht alle Gewächse einen Platz an der Sonne abbekommen konnten, fingen sie an, sich zu spezialisieren. Einige nahmen eher schattige Orte für sich in Beschlag. Andere wichen auf magere Böden aus; wieder andere suchten die Wassernähe. Das hat sich im Laufe der Evolution vollzogen. Biologen sprechen von ökologischen Nischen. Gärtner hingegen von Standortansprüchen, die für jede Pflanze berücksichtigt werden sollten.

Vielen Gartengewächsen sieht man die ursprüngliche Prägung noch an. Waldpflanzen etwa, die sich in den Schatten der Bäume zurückgezogen haben, besitzen häufig große, dünnhäutige Blätter, mit denen sie das spärliche Sonnenlicht optimal einfangen. Farne und die meisten Funkien gehören dazu. Setzt man sie in die Sonne, versagen sie kläglich oder kümmern vor sich hin, weil ihnen dort Kühle und Feuchtigkeit fehlen.

Ganz anders verhalten sich Gewächse, die auf Hitze und pralle Sonne programmiert sind. Das erkennt man auf den ersten Blick: Ein grauer Filz oder nadelartige Blätter schützen diese Pflanzen vor übermäßiger Verdunstung. Beste Beispiele sind Lavendel, Wollziest und Heiligenblume. Die Böden, auf denen sie gedeihen, sind karstig und arm an organischer Substanz. Regen fließt dort schnell ab und das ist auch gut so. Anderenfalls würden die Wurzeln dieser Pflanzen Gefahr laufen, zu faulen, vor allem in den nassen Wintermonaten.

Das Wissen um den richtigen Standort sollte beherzigen, wer sich unnötige Arbeit ersparen will. Zum Glück finden sich in guten Gärtnereien Hinweise auf die Ansprüche der Pflanze – nicht nur Symbole für Sonne und Schatten, sondern auch darauf, welchen Boden die Pflanzen bevorzugen. Wer es nicht so genau nehmen will, zahlt Lehrgeld. Aber selbst das wäre nicht schlimm. Denn manchmal lohnt es sich, einfach etwas auszuprobieren. Und dann gelingen sogar Dinge, die in keinem Lehrbuch stehen. Die Natur ist immer für Überraschungen gut. Sie ist so vielfältig, dass nicht alle Möglichkeiten vorhersehbar sind. Der Mensch muss einfach offen sein für das, was passiert. Manche Pflanzen wandern gleichsam in einen Garten ein. Anfangs gehörte ihnen bloß eine Ecke. Dann breiten sie sich aus. Was spricht dagegen, es zuzulassen, solange nicht alle Nachbarpflanzen verdrängt werden?

In der asiatischen Philosophie gibt es das Bild vom Wasserstrom, der sich seinen Weg sucht allen harten, spitzen Felsen zum Trotz. Auch Pflanzen und Blumen suchen sich manchmal selbst aus, wo sie wachsen wollen. Sie gewähren zu lassen, bedeutet ein Stück Lebensweisheit. Der Garten ist ein Ort zum Durchatmen. Druck ist dort völlig fehl am Platz.

GARTENBÖDEN MÜSSEN NÄHRSTOFFREICH UND HUMUSHALTIG SEIN

Hinter dem Meeresstrand liegt gewöhnlich eine Kette von Dünen, die der Seewind in Jahrzehnten aufgetürmt hat. In den Wölbungen lässt es sich himmlisch ausruhen, wenn man einen windgeschützten Platz findet. Es duftet nach Sand, trockenen Gräsern und salziger Luft. Anspruchslose Gewächse sorgen dafür, dass die Elemente die sandigen Buckel nicht einfach wieder wegfegen. Ihre Wurzeln haben sie tief in den lockeren Untergrund gebohrt: Strandhafer in vorderster Front, dann, weiter vom Meer entfernt, auch eine Reihe von Kräutern: Thymian, Strandnelken und Sandglöckchen.

Dieses Stück Natur, so könnte man meinen, hat nichts mit einem Garten zu tun – oder etwa doch? Sind Sandböden generell für Gartenpflanzen ungeeignet?

Wer den Blick in den Katalog einer gut sortierten Staudengärtnerei wirft, wird dort unter anderem die drei genannten Dünenpflanzen Thymian, Strandnelken und Sandglöckchen finden. Und wo kommen die Gewächse für die Beete wohl her, wenn nicht aus der Natur? Dort haben sie nie den Luxus kennengelernt, der ihnen in vielen Gärten zuteil wird.

Ebenso wenig wie viele einjährige Wildkräuter, die nach Mitteleuropa eingeschleppt wurden, als die Menschen den Wald rodeten und Getreide aus dem Vorderen Orient einführten, um Ackerbau zu treiben. Auf den entstehenden lichten Flächen machten sich kurzlebige Blumen wie Kamille, Klatschmohn, Kornrade und Kornblume breit – alles Arten, die mit äußerst kargen Bodenverhältnissen vorliebnehmen. Später kamen aus Übersee exotische Blumen von angenehmer Genügsamkeit dazu wie Kosmeen, Sonnenblumen, Kapuzinerkresse und Zinnien. Heute zählen die einstigen Ausländer zum Urbestand heimischer Bauerngärten.

Auch die mehrjährigen Kräuter, die unter Gärtnern allgemein Stauden heißen, sind ursprünglich nichts anderes als Wildwuchs. Noch Mitte des 19. Jahrhunderts strich der irische Gärtner und Autor William Robinson durch die Naturlandschaften Englands, auf der Suche nach neuen Wildarten. Er war zuständig für die Staudenanlagen im Londoner Botanischen Garten Regent‹s Park, zu denen auch eine Sammlung einheimischer Stauden gehörte. »Das führte mich sowohl in die abwechslungsreiche Gegend rund um London, auf die von Orchideen gesprenkelten Wiesen von Buckinghamshire wie zu den Klippen an der Küste von Essex, die nicht vom Pflug aufgestört werden«, schrieb er rückblickend. Auf solchen Touren, später auch auf Reisen durch Amerika und die Schweiz, hatte sich sein Blick für die Schönheit unberührter Natur geschärft. Ihn faszinierten die Pflanzengemeinschaften, die auf ungenutzten Wiesen, in der amerikanischen Steppe, den kanadischen Wäldern und im Hochgebirge stabile Lebensgemeinschaften bildeten. Seine Sammelleidenschaft und die vieler Kollegen legte die Grundlagen für die umfangreichen Staudensortimente, die heute in den Gärtnereien angeboten werden.

Eine gezielte Züchtung setzte schließlich erst vor rund 100 Jahren ein, nachdem die Mendel‹schen Vererbungsgesetze entdeckt und allgemein bekannt wurden. Danach entwickelten sich einige Naturkinder zu echten Gartendiven – und es stiegen ihre Ansprüche an die Qualität der Gartenböden. Wandlungsfähigkeit, Teil des natürlichen Überlebenskampfes, ist die Stärke vor allem einjähriger Blumen. Das macht die Züchtung sich zunutze. Sie lässt die Beautys auf Modewellen mitreiten, verpasst Mohnblumen Rüschen, Zinnien lustige Sprenkel und Kosmeen den Glamour changierender Blüten. Ebenso haben sich viele Stauden wie Taglilien, Pfingstrosen, Phlox, Rittersporn und Astern durch die Züchtung stark verändert. Ohne die Fürsorge des Gärtners wären solche Gewächse hoffnungslos verloren. Sie sind tatsächlich darauf angewiesen, dass die Böden locker, nährstoff- und humusreich sind. Sie beanspruchen das ganze Verwöhnprogramm: Böden, die frei von Unkraut und immer ausreichend mit Feuchtigkeit versorgt sind.

Das trifft aber eben nur auf einen Teil der Gartengewächse zu.

Arten, die ihren Wildcharakter behalten haben, sind weniger anspruchsvoll. Dazu gehören eine Reihe ehemaliger Steppenpflanzen wie Sommersalbei, Kerzenehrenpreis, Katzenminze, Heiligenkraut und Lavendel. Andere Staudenarten stammen aus Felssteppen, Halbtrockenrasen, Heiden und eben auch aus Dünenlandschaften. Sie legen vor allem Wert auf durchlässige Böden. Auch im Garten erwarten sie keinen Luxus. Im Gegenteil: Zu viel Dünger lässt sie stark ins Kraut schießen, sodass Triebe abknicken und Krankheiten auftreten können. Selbst in Trockenzeiten kommen diese pflegeleichten Gewächse längere Zeit ohne Wasser aus.

Die Düne am eigenen Haus, bestehend aus einem kargen Sandboden, ist also möglich. Es ist alles nur eine Frage der richtigen Pflanzenauswahl.

GARTENERDE IST AUCH FÜR BLUMENTÖPFE GUT GEEIGNET

Man stelle sich einen grobporigen Schwamm vor, der ganz und gar mit Wasser gesättigt ist. Auch wenn man ihn hoch nimmt, tropft das Wasser nicht heraus. Das hat mit der sogenannten Saugspannung zu tun. Die Poren halten das Wasser gegen die Schwerkraft fest. Diese Spannung nimmt zu, je feiner die Poren sind (daran ist auch die Oberflächenspannung des Wassers beteiligt). All die großen und kleinen Poren, die jeder Schwamm hat, geben ihm ein relativ großes Volumen. Man kann das sogar spüren: Der Schwamm ist im gesättigten Zustand um vieles schwerer als im trockenen.

Durch einen leichten Händedruck trieft ein Teil des Wassers heraus. Die groben Poren mit der geringsten Saugspannung sind nun statt mit Wasser mit Luft gefüllt. Je mehr der Schwamm zusammengequetscht wird, desto mehr Flüssigkeit verliert er. Bis sich schließlich mit der bloßen Hand nichts mehr aus ihm herausdrücken lässt. Mitnichten ist der Schwamm dann schon völlig ausgewrungen und trocken. Die feinen Poren halten immer noch kraftvoll dagegen. Um auch sie zu entleeren, bräuchte es schon eine starke Pumpe, die das Wasser heraussaugt.

Pflanzenwurzeln wirken wie eine Saugpumpe. Sie können Wasser entgegen der Schwerkraft ansaugen. Das hat mit dem Zelldruck und der Verdunstung von Wasser über die Blätter zu tun. Doch Pflanzenwurzeln besitzen keine Herkuleskräfte. Sie können sich, um bei unserem Bild vom Schwamm zu bleiben, nur aus Poren großer und mittlerer Größe bedienen. An die verborgenen Wasserreserven in Mikroporen kommen auch sie nicht heran, dazu ist ihre Pumpleistung dann doch zu schwach.

Physikalisch gesehen funktioniert ein Blumentopf mit Erde ganz ähnlich wie ein Schwamm. Auch er lässt sich mit Wasser sättigen und gibt es dann peu à peu wieder ab. Der Druck, der auf das Wasservolumen wirkt, wird in diesem Fall nicht von den Händen, sondern von den Pflanzenwurzeln ausgeübt. Wie groß das Aufnahmevolumen der Erde ist und wie sich der Anteil an Grob- und Feinporen verteilt, hängt von der Art des Bodens ab, den man eingefüllt hat.

Die meisten Gartenböden haben den Pflanzen im Topf in physikalischer Hinsicht wenig zu bieten. Anders als ein Schwamm halten sie wenig Wasser (zum Beispiel Sandböden). Oder ihr Anteil an groben und mittleren Poren ist gering (etwa Ton- und Lehmböden). Ist der brauchbare Porenanteil ungenügend, so ist gleichzeitig auch die Versorgung der Wurzeln mit Sauerstoff mangelhaft. In einem mit Wasser gesättigtem Boden erleiden die meisten Pflanzenwurzeln Sauerstoffmangel. Daher sind Grobporen wichtig, denn sie geben an die Wurzeln nicht nur leichter Wasser ab, sondern ziehen dann auch die wichtige frische Luft an, sobald ein Teil des Wassers verbraucht ist.

Je mehr organische Substanz in einem Boden vorhanden ist, desto besser werden seine physikalischen Eigenschaften. Er wird locker, geschmeidig und saugfähig. Waldböden führen das vor. Ihre obersten Schichten bestehen fast ausschließlich aus zerkleinertem Laub. Früher haben Gärtner Teile dieser Schichten abgetragen. Lauberde, vor allem aus Buchenwäldern, galt als etwas ganz Feines zum Topfen von Pflanzen. Gewächse, die es gerne etwas sauer mochten, wie Azaleen, bekamen Nadelerde. Oft wurde diesen Topferden noch Kompost beigemischt. Häufig hielten die Gärtner die exakten Erdrezepturen so streng geheim, dass noch nicht einmal die Lehrlinge davon erfahren durften. Das änderte sich erst nach dem Zweiten Weltkrieg, als der Gartenbauwissenschaftler Anton Fruhstorfer die sogenannte Einheitserde entwickelte, die schnell zu einem Verkaufsschlager wurde. Ihre standardisierte Rezeptur basierte in der Hauptsache auf Torf. Man hatte herausgefunden, dass dieser Stoff, der aus trockengelegten Mooren gewonnen wird, die physikalischen Anforderungen an eine Topferde am besten erfüllt.

Daran hat sich bis heute wenig geändert. Aufgrund nachlassender Torfreserven hat man es allerdings mittlerweile mit unterschiedlichen Qualitäten zu tun. In die Billigerden kommt meist der Bodensatz aus dem Torfabbau: stark zersetzter Schwarztorf, der nicht selten mit Holzstückchen versetzt ist. Markenprodukte dagegen kennzeichnet ein hoher Anteil an lockerem, feinfaserigem Weißtorf. Dieser versorgt Wurzeln optimal mit Wasser und Luft. Mittlerweile erfüllen auch Erden diese Standards, in denen Torf teils durch Rindenhumus, Holz- oder Kokosfasern ersetzt wurde. Die Auswahl an Topferden ist also riesig, sodass die Gartenerde an Ort und Stelle bleiben kann.

Im gewachsenen Boden sind die Verhältnisse sowieso von anderer Natur als die in einem Topf. Dort fließt das Wasser nach einem starken Regen ohne Weiteres in tiefere Erdschichten ab – vorausgesetzt, der Boden ist nicht verdichtet. Es entstehen also in der Regel keine Probleme mit der Sauerstoffversorgung. Zudem haben die Pflanzenwurzeln einen viel größeren Raum zur Verfügung. Sie können sich ausdehnen und ihren Durst in der Tiefe leichter stillen. Noch ein Grund also, weshalb Gartenerde und Blumentöpfe nicht zusammenpassen.

GERANIEN SIND SCHÖNE BALKONPFLANZEN Die unangefochtene Nummer eins unter den Sommerblumen für den Balkon ist die Geranie – und das schon seit vielen Jahren.[46] Dafür braucht es noch nicht einmal eine statistische Erhebung. Das weiß jeder, der seinen Balkon jedes Jahr mit Blumen verschönert. Doch kaum einer dürfte wissen, dass Geranien gar nicht das sind, was man gemeinhin dafür hält.

Wer bei *Google* »Geranien« eingibt, landet in *Wikipedia* korrekt beim Stichwort »Pelargonien«. Dort heißt es: »Die Pelargonien (*Pelargonium*), als Trivialname wird auch oft ›Geranien‹ verwendet, sind eine Pflanzengattung in der Familie der Storchschnabelgewächse (*Geraniaceae*). Der botanische Gattungsname ist aus dem griechischen Wort *pélargos* für ›Storch‹ abgeleitet und bezieht sich auf die Form der Früchte. Zu dieser Gattung zählen etwa 220 bis 280 Arten.«[47]

Die Balkonpflanze wird also nur umgangssprachlich als Geranie bezeichnen, botanisch richtig heißt sie Pelargonie. Schuld an dieser Verwirrung ist der große schwedische Botaniker Carl von Linné (1707–1778), dem wir einen Großteil der wissenschaftlichen Pflanzennamen verdanken. Er ordnete unsere Balkonblume, die aus Südafrika stammt, der Gattung *Geranium* zu. Der Volksmund nahm den Namen schnell auf und hält bis heute hartnäckig daran fest, obgleich 1789, also schon wenige Jahrzehnte später, der französische Botaniker Charles Louis L‹Héritier de Brutelle die Pflanze in *Pelargonium* umbenannte.

Beide Gattungen sind eng verwandt und gehören der gleichen Pflanzenfamilie an. Charakteristisch für Geranien wie Pelargonien sind deren lange, schnabelförmige Früchte.

Darüber hinaus gibt es zwischen den Gattungen jedoch deutliche Unterschiede im Blütenaufbau. Eines der Kelchblätter der Pelargonien bildet einen Sporn aus, der mit dem Blütenstiel verwachsen ist. Dadurch entsteht eine sogenannte zygomorphe Blüte, eine Blüte also, die zwei spiegelgleiche Hälften und damit eine einzige Symmetrieebene hat. Geranienblüten sind dagegen radiärsymmetrisch. Sie besitzen mehr als eine Symmetrieebene und werden nur deckungsgleich, indem man sie ein Stück um eine Achse herum dreht. Bemerkenswert ist auch die Art der Ausbreitung. Geranien können ihren Samen explosionsartig wegschleudern. Möglich wird es dadurch, dass deren trockene Fürchte sich zusammenziehen und plötzlich mit einer korkenzieherartigen Bewegung aufplatzen. Die Wucht kann den Samen in die Erde oder auch in die Haut eines zufällig vorbeikommenden Tieres bohren. Angesichts dieser Ballistik können Pelargonien nur neidisch werden. Solche Spannkräfte bringen ihre schnabelförmigen Früchte nicht auf.

Diese Feinheiten hatte der Systematiker Linné offensichtlich übersehen. Schon seit 1561 waren allerdings der Blutrote Storchschnabel und der Braune Storchschnabel als *Geranium* unter den heimischen Gartengewächsen bekannt und mit ihnen viele weitere Arten, die zumeist wild vorkommen. Keine davon hat eine Karriere als Balkonblume hingelegt. Sie gelten eher als den Boden bedeckende Stauden, die sich unter Sträuchern oder in Steingärten breitmachen.

Pelargonien, die im Laufe des 17. Jahrhunderts nach Europa gelangten, wachsen in ihrer Heimat Südafrika zu stattlichen Sträuchern heran, wie auch in klimatisch begünstigten Gegenden Mitteleuropas. Im Garten von John Michael Beaumont und seiner Frau Diana auf der Kanalinsel Sark, eine Dreiviertelbootsstunde von Guernsey entfernt, kriecht schon seit Jahren eine efeublättrige Pelargonie vor einem viktorianischen Gewächshaus die graue Natursteinmauer empor. Mittlerweile nimmt sie fast zehn Quadratmeter Fläche für sich in Anspruch. Bei uns ist diese Art als Hängepelargonie (*Pelargonium peltatum*) bekannt. Sie sorgt an bayrischen Balkonen Jahr für Jahr mit gut einen Meter langen Trieben für Furore. Die 1947 entstandene Sorte »Schöne von Grenchen« hat maßgeblich zu dieser beispiellosen Karriere als Balkonblume beigetragen.[48]

Auf eine noch viel längere Tradition kann die aufrecht wachsende Art *Pelargonium zonale* verweisen. Man erkennt sie an den halbkreisförmigen Gürtelstreifen auf der Blattoberseite. Bis 1880 hatten Züchter schon mehr als 6.000 Sorten davon kreiert. Die in Berlin erscheinende *Garten-Zeitung* schreibt 1885 dazu: Die »Zonale- oder Scharlach-Pelargonien gehören unstreitig zu den dankbar blühendesten und beliebtesten Markt- und Modepflanzen, zur Topfkultur für Dekorationszwecke sowie zur Bepflanzung der Gruppen«.[49] Vor mehr als 100 Jahren stand sie bei Blumenfreunden schon hoch im Kurs. Noch heute übertrifft kaum eine andere Sommerblume die Pelargonien an Blütenreichtum – erst recht Geranien können nicht damit konkurrieren. Die Blütezeit Letzterer ist in der Regel auf wenige Wochen begrenzt[50] – zu kurz für den Balkon. Danach bleibt grünes Kraut.

GEGEN GIERSCH IST DER GÄRTNER MACHTLOS

Von oben betrachtet, erscheint Giersch ganz harmlos. Was könnte dieses saftig grüne Kraut mit seinen hübschen dreizähligen Fiederblättern schon Arges anrichten? Unterirdisch hingegen breitet sich ein dichtes Geflecht spitzer Wurzelausläufer gefährlich in alle Richtungen aus, unterwandert Wege und infiltriert Blumentöpfe. Für jede mit Akribie geplante Pflanzung bedeutet dieses Guerilla-Gewächs das Ende. Denn die langen, weißen Wurzelausläufer dringen gerne auch mitten ins Herz der Zierpflanzen vor und sie lassen sich nach einer Invasion nie mehr aus den Tiefen eines fertig gestalteten Beets herausklauben. Jedes abgerissene Fitzelchen, das von einer Wurzel im Boden zurückbleibt, ist Ausgangspunkt eines neuen Gierschgeflechts. Dem geplagten Gärtner bleibt nur die radikale Neuanlage: Er muss alle Gewächse herausnehmen und aus deren Ballen sowie der gesamten Erde jedes Stückchen Giersch herausfischen.

Für den Gärtner zählt dieses Wurzelunkraut zu einer seiner größten Plagen. Für einen von der Gicht geplagten Schmerzpatienten kann es dagegen große Linderung bedeuten. Der botanische Name *Aegopodium poda-*

graria erinnert zumindest noch an diese ruhmreiche Vergangenheit. »Podagraria« heißt nämlich »die Gicht heilend«. Früher wurden frische zerdrückte Pflanzen gegen das Leiden als Umschlag auf die Füße gelegt. Auch als schmackhaftes Wildgemüse wird *Aegopodium* gerade wiederentdeckt. Er sei eines der »vielseitigsten Kräuter: Als Suppengemüse, als Salat oder in Kombination mit anderen essbaren Wildpflanzen, ist er zu empfehlen«, schrieb Ira Schneider jüngst im Newsletter des aid Infodienstes, der vom Bundesministerium für Ernährung, Landwirtschaft und Verbraucherschutz mit herausgegeben wird. Sollte man vielleicht doch einige Pflanzen in den Gemüsegarten umquartieren, um stetig frischen Nachschub zu haben? Oder ist es ein zu großes Wagnis, Giersch, der nach der Anordnung seiner Blätter auch Geißfuß heißt, mit anderen Augen zu betrachten?

Der Gartenarchitekt Wilfried Lichey aus Dessau hat sich getraut und so kam er auf gänzlich neue Ideen. »Giersch sieht doch eigentlich gar nicht so übel aus«, befand er zunächst. Der immense Aufwand, ihn auf großen Flächen auszumerzen, sei völlig überflüssig. Viel besser könne man das gestalterische Potenzial der Pflanze nutzen. Bei einem Kunden sah er die Möglichkeit dazu.

Zunächst umzingelte Lichey die Gierschfläche mit einer Wurzelsperre. Dazu wurde ein 30 Zentimeter breiter Streifen Teichfolie senkrecht in den Boden eingegraben. Darauf errichtete der Architekt eine Natursteinmauer, die zugleich die optische Trennung zu anderen Gartenteilen vornimmt. Schließlich kamen Sträucher mit roten Blättern, wie der Perückenstrauch

Cotinus coggygria »Royal Purple« oder der Holunder »Black Beauty« mitten in den Wildwuchs hinein. Dieser durfte sich nun in seinem Gehege ungezügelt ausbreiten. Das dunkle Laub der Sträucher bildet zur weißen Gierschblüte im Sommer einen schönen Kontrast. Die verschiedenen Gewächse ergänzen sich und kommen sich nicht in die Quere. Nach der Blüte muss das Kraut nur zurückgeschnitten werden, damit der Same nicht in andere Gartenteile auswandert.

Die Briten haben die Grenze zwischen Un- und Zierkraut ohnehin schon längst niedergerissen. Dort gehört es fast zum guten Ton, mindestens einen Topf mit *Aegopodium podagraria* »Variegatum« vor dem Haus zu präsentieren. Dieser Giersch mit weiß-grün gemusterten Blättern verblüfft regelmäßig einige Besucher vom Kontinent. Wie kann man nur dieses Unkraut schön finden? Die Briten können es, wie man sieht. Mittlerweile bieten auch hiesige Gärtnereien diese besondere Variante zum Kauf an.

Wo Grünfinger ein wenig Wildwuchs im Garten dulden, kann Giersch auch in Schranken gehalten werden, wenn ihm robuste Partner zur Seite gestellt werden. Frauenmantel etwa kann Paroli bieten. Er behauptet sich sogar gegen die hartnäckigen, unterirdischen Wurzelausläufer. Pflückt man im Frühjahr einmal die Blätter des Giersch zwischen der Staude heraus, fehlt dem Unkraut die Kraft zu einem zweiten Austrieb. Mit der Zeit wird es dann zwischen dem kompakten Frauenmantel untergehen.

Wer sich trotzdem nicht mit dem Kraut anfreunden möchte, dem bleibt immer noch die chemische Keule. Das Mittel »GierschFrei« der Firma Neudorff im niedersächsischen Emmerthal bei Hameln führt einen Doppelschlag gegen das Unkraut. Pelargonsäure, eine aus dem Rapsöl gewonnene Substanz, verätzt die Blätter. Ein zweiter in dem Mittel enthaltener Wirkstoff mit Namen Maleinsäurehydrazid wird schon seit gut 150 Jahren auf Lagerkartoffeln gesprüht, um deren frühzeitiges Keimen zu verhindern. Er dringt bis tief in die Wurzeln des Giersch vor und stoppt deren Wachstum. Empfohlen wird eine zweite Behandlung nach etwa zwei Wochen, spätestens aber, sobald wieder frisches Grün keimt. Denn das Kraut kann sich zuerst noch aus eingelagerten Reservestoffen regenerieren. »In drei Monaten konnten wir den Gierschbesatz einer Fläche um 80 Prozent vermindern«, so Neudorff-Sprecherin Sabine Klingelhöfer. Allmählich erlischt also die Lebenskraft der Pflanzen, wenn sie daran gehindert werden, übers Laub neue Energie zu tanken. Schwierig wird es, wenn Giersch zwischen anderen Zierpflanzen emporschießt. Das Mittel muss nämlich versprüht werden und die Oberseite des Unkrauts gänzlich benetzen. Nachbarpflanzen jedoch dürfen von dem Sprühnebel nichts abbekommen. Am besten stülpt man daher einen offenen Zylinder aus Pappe oder fester Folie über das zu behandelnde Unkraut und nebelt es darin kräftig ein.

Der Namensvetter »Giersch-Frei« der Firma Bayer beinhaltet als Wirkstoffe synthetische Glyphosate. Diese hochwirksamen Substanzen sind in vielen Unkrautvernichtungsmitteln enthalten und nicht unbedenklich für die Umwelt. Mit einem Pinsel wird die Hälfte der Blattoberfläche einer Gierschpflanze mit Lösung betupft. Sie dringt bis in die Wurzelspitzen vor. Nach einmaliger Anwendung ist das Pflänzchen erledigt.

Andererseits lassen sich einzelne Pflanzen und deren Wurzeln mit entsprechender Sorgfalt noch von Hand aus dem Beet entfernen. Es ist daher fraglich, ob so eine Chemiebombe in diesem Fall wirklich nötig ist – wenn man den Giersch denn wirklich loswerden will.

Handtuchgärten sind langweilig

Die Form eines Grundstücks kann man sich in den wenigsten Fällen aussuchen. Sie ist von den örtlichen Gegebenheiten abhängig. Meist ist man froh, wenn man überhaupt einen bezahlbaren Baugrund ergattert. Über die Gestalt des Gartens macht man sich zunächst am allerwenigsten Gedanken. Ähnelt diese allerdings einem schmalen Handtuch, ist das Gejammer dann doch irgendwann groß. Wie lässt sich daraus bitte etwas machen?

Dabei ist es wahrlich kein Drama. Für schmale Gärten gilt Folgendes: Mit Räumen, die aufeinanderfolgen, lassen sie sich geschickt aufteilen. Wie bei den Zimmern eines Hauses. Der Gebäudegrundriss kann noch so langweilig sein, durch die Stellung der Wände kann ein spannungsreiches Raumgefüge entstehen. Im Garten erfüllen Hecken die Funktion von Wänden. Nach dem Vorbild einer klassisch formalen Anlage kann sich die Abfolge der Räume an einer Sichtachse orientieren. Sie teilt den Garten in zwei Teile und lenkt den Blick auf einen schönen Endpunkt, zum Beispiel eine Skulptur oder eine Bank, an der äußersten Grundstücksgrenze. Quer zu dieser Achse angeordnete Hecken hindern den Betrachter daran, gleich die gesamte Fläche zu überblicken. Sie schüren die Neugier darauf, was sich in den Nischen dahinter verbirgt. Diese Spannung sollte möglichst effektvoll aufgelöst werden. Es sollten sich tatsächlich überraschende Ideen in diesen Räumen offenbaren.

Zwei Holländer haben sich in ihrem lang gestreckten Garten in Maastricht für einen eher naturhaften Stil entschieden, dem jedoch eine ähnliche Dramaturgie zugrunde liegt. Anstelle der geraden Führung einer Achse schlängelt sich der Weg in die Tiefe der schlauchförmigen Anlage. Die Biegungen sind so geschickt gelegt, dass kaum je zu erahnen ist, was sich einige Meter weiter offenbaren wird. Die erste Kurve mündet in einen schmalen, rosenberankten Laubengang. Man muss den Kopf einziehen, damit die Stacheln keine Schrammen hinterlassen, und blickt plötzlich in die Weite einer Teichanlage. Während die Schritte zuvor im Kies knirschten, federn sie nun über einen Pfad aus Holzbohlen. Bewegungslos dümpeln Seerosen auf dem Wasser. Nach der nächsten Biegung betritt man einen mediterranen Sitzplatz. Hinter einer hohen Hecke nimmt dann eine kreisrunde Lindenlaube den Neugierigen in Empfang. Tritt man aus ihrem Schatten, leuchten Rosen und Stauden in diversen Rottönen von zwei opulenten Beeten. Schließlich endet die Überraschungstour hinter einem rustikalen Holztor in einem formalen Nutzgarten mit diversen Gemüsen, Beerensträuchern und duftenden Kräutern. Dessen vier Beete säumen gezirkelte und fein manikürte Buchsbaumhecken.

Mit ein bisschen Fantasie lassen sich also aus einem vermeintlich langweiligen Gartengrundriss unterhaltsame Gestaltungsideen herausholen. Entscheidend ist, dass die Fläche mit ihrer überschaubaren Länge untergliedert wird.

HANGLAGEN SIND FÜR GÄRTEN WENIG GEEIGNET

Die klassische Rasenfläche ist eben. Jungs müssen darauf Fußball spielen können und das Rasenmähen darf nicht zu einer Bergtour werden. So jedenfalls ist die gängige Vorstellung. Das muss aber nicht so sein. Menschen, die in Weinbauregionen wohnen, haben die Lösung, wie mit abschüssigem Gelände umzugehen ist, unmittelbar vor Augen. Dort sind Stützmauern innerhalb der Landschaft ein alltäglicher Anblick. Sie machen das fruchtbare Land nutzbar und bändigen die Sturzbäche, die nach einem Regenguss sonst ungebremst in die Tiefe rauschen.

Diese Möglichkeit bietet sich auch für Gärten. Eine Terrassierung, die einen Hang ebnet, wertet den Außenraum auf. Es lassen sich einzelne Ebenen schaffen, die jede für sich einen eigenen Reiz entfaltet. Wahrscheinlich denkt man aber mehr an die Kosten als an die Chancen, die ein Hanggarten bietet. Daher schreckt man oft vor solchen Projekten zurück. Doch schon der unvergleichliche Ausblick entschädigt für den Mehraufwand, den man in die Anlage solcher Gärten stecken muss.

Davon ließ sich eine Hamburger Familie überzeugen, als sie sich für einen Logenplatz am Elbhang entschied. Die ehemals abschüssige Obstwiese unterhalb des Hauses war als Garten erst zu gebrauchen, nachdem der Höhenunterschied von etwa zehn Metern auf drei Ebenen verteilt worden war. Die erste nimmt heute eine geräumige Terrasse ein, die zweite ein an Rosen und Stauden reicher Ziergarten und die dritte ein kleiner Nutzgarten, in dem auch einige Weinstöcke kultiviert werden – was in dieser geschützten Südlage sogar im Hamburger Klima süße Beeren hervorbringt.

Parallel zu den drei Ebenen plätschert ein schmaler Wasserlauf über eine Reihe von Stufen hangabwärts – ein grafisch gebautes Stück Architektur, das an maurische Stilelemente in den Gärten der Alhambra erinnert.

Gerade dort, wo Wasser im Garten zum Fließen gebracht werden soll, bieten Hanglagen mit ihrem kräftigen Gefälle große Vorteile. Das wussten schon die Baumeister der Renaissancegärten. Sie mussten nicht nur dafür sorgen, dass Brunnen und Becken laufend gespeist wurden. Bald ebenso wichtig war die Wasserkraft zum Antreiben einer Reihe sogenannter Spielautomaten, die dem reinen Amüsement galten. »Wasser lässt Figuren sich bewegen, Vögel singen, künstliche Regenbogen aufsteigen, künstliche Regengüsse vom Himmel fallen, bildet regelrechte Wasserkäfige, die Besucher gefangen halten, und Wasserlauben, unter welchen man trocken spazierengehen, ja sogar trocken hindurchreiten kann«[51], schreiben Gerda Bödefeld und Berthold Hinz in ihrem Buch über *Die Villen der Toscana und ihre Gärten*.

Ohne die Niveauunterschiede im Gelände wären diese Spielereien im 16. Jahrhundert sehr viel aufwendiger zu bewerkstelligen gewesen. Die Mechanik der Wasserkünste diente der Unterhaltung, sie reizte die Lebens- und Sinneslust, wurde aber zugleich auch als heimlicher Wettstreit betrieben. »Eine Errungenschaft jagte die andere, von den finanzkräftigen Villenbesitzern suchte einer den anderen zu übertrumpfen.«[52] Die vielen Besucher zeigten sich damals beeindruckt – auch wenn sie, unabhängig von Rang und Namen, die Gärten nicht immer trockenen Fußes verlassen konnten. Das machen etwa die Einträge im Reisetagebuch des französischen Philosophen Michel de Montaigne aus dem Jahr 1581 deutlich. Er beschreibt unter anderem die Wasserspiele im Park der Villa Pratolino, rund zehn Kilometer nördlich von Florenz. Besonders hatte es ihm die gerade fertiggestellte, künstliche Grotte angetan. »Sie übertrifft alles, was wir je in der Art gesehen haben … Es bedarf nur eines einzigen Griffes, um die ganze Grotte unter Wasser zu setzen und die Sitze einem das Wasser in den Hintern spritzen zu lassen; flieht man dann aus der Grotte und steigt die Treppe zum Schloss hinauf, so gibt es eine ähnliche Vorrichtung, um aus jeder zweiten Stufe dieser Treppe nach Gefallen tausend Wasserstrahlen hervorspritzen zu lassen, die einen, bis man oben ist, durch und durch nässen.«[53] Die Villa d‹Este in Tivoli, rund 30 Kilometer östlich von Rom, hatte noch eine andere Attraktion zu bieten: eine Wasserorgel. Sie wurde dadurch in Gang gesetzt, dass Wasser in einen Hohlraum schoss und die Luft aus den Orgelpfeifen trieb. »Zuerst ertönen zwei Trompeten, dann folgen harmonische Töne«[54], beschreibt die Reiseschriftstellerin Judith Chatfield diese Mechanik.

Auch unabhängig von der Lust an solchen Wasserspielen trachteten die Menschen der Renaissance danach, ihre Villen möglichst hoch oben auf einer Hügelkuppe zu errichten. Diese Entwicklung hatte unter anderem der einflussreiche Baumeister Leon Battista Alberti in Gang gesetzt, der auch für die Medici-Familie tätig war. So pries er den heiteren Rundblick, den man auf das darunterliegende Gelände habe.[55] »Die Italiener sind die frühesten unter den Menschen, welche die Gestalt der Landschaft als etwas mehr oder weniger Schönes wahrgenommen und genossen haben«[56], schreibt der Historiker Jacob Burckhardt über die italienische Renaissance. Ohne Frage hält dieser Genuss bis heute an – nicht nur in Italien.

Hinzu kommt der ökologische Nutzen, der durch Mauern, insbesondere Natursteinmauern, entsteht. Sie stabilisieren nicht nur das Gelände, sie speichern auch die Wärme und schaffen Nischen für Pflanzen, Tiere sowie für Menschen, die sich in ihrem Schutz einen Platz zum Ausruhen suchen. Ein gestalteter Hang bedeutet einfach einen großen Mehrwert für den Garten.

DIE BLÜTEN DER HORTENSIEN SIND RIESENGROß

Niemand kann sich dem Farbenspiel der Hortensien entziehen. Weiße Blüten erscheinen rosa überhaucht, blaue Dolden changieren violett. Die prächtigen Blütenballen neuer Züchtungen leuchten in satten Farben oder tragen einen nostalgischen zartgrünen Schleier. Selbst wer kein erklärter Blumenfreund ist, erliegt dem sensiblen, ungeheuer dekorativen Zauber dieser Sträucher. Wer allerdings glaubt, er hätte diese unglaubliche Wirkung der Hortensien ihren pompösen Blüten zu verdanken, der irrt. Die Botaniker sprechen ernüchternd von einem Schauapparat. Nur ein winziger Teil davon ist das, was im engeren Sinn als Blüte bezeichnet wird, also ein Organ mit Staubblättern, Fruchtknoten, Griffel, Narbe, Samenanlage sowie häufig einer Hülle aus Kelch- und Kronblättern.

Blüten dienen im Normalfall der Fortpflanzung. Der überwiegende Teil des Schauapparats der Hortensien ist jedoch steril, also zeugungsunfähig. »Die fruchtbaren, aber häufig unscheinbaren und viel kleineren Blüten sind zuweilen nur spärlich vertreten und dann meist von den großen unfruchtbaren verdeckt«, heißt es in *Pareys Blumengärtnerei*.[57]

Im Laufe der Evolution haben Pflanzen ihre Verführungskünste immer weiter verfeinert. Wer nur mit einer kleinen Blüte auftrumpfen konnte, wurde bald von den Heerscharen vergnügungssüchtiger Insekten links liegen gelassen. Da musste mehr her. Gewächse, die nach und nach einen ganzen Strauß an Blüten zu bieten hatten, stiegen in der Gunst der Besucher. Heute sprechen Botaniker von einem Blütenstand, wenn viele Blüten dicht beieinander stehen. Diejenigen der Hortensie heißen Doldentraube oder Rispe. Sie bestehen aus verschiedenen Blüten. Aufreizende Scheinblüten haben die Aufgabe, wie große Reklametafeln die Aufmerksamkeit auf sich zu lenken. Ihre Kelchblätter sind zu farbigen Flügeln aufgeklappt und umspannen die verkümmerte Blütenmitte wie ein großer Schirm.

Die Züchter haben diese Extravaganz natürlich gefördert. Die kleinen, fruchtbaren Blüten ohne bunten Kopfschmuck spielten für sie dagegen keine Rolle. Sie sind nur noch bei Samt- und Tellerhortensien von Bedeutung. Dort umgeben reine Schaublüten ein Bündel zeugungsfähiger Blüten im Zentrum. Jeder dieser winzigen Punkte hält auch wirklich Pollen bereit. Den will die Pflanze den Insekten anhängen, damit das Geschäft mit der Bestäubung vorangeht. Uns Betrachter lässt das eher kalt. Wir bleiben beim prachtvollen Augenpulver hängen.

ROSTIGE NÄGEL MACHEN HORTENSIENBLÜTEN BLAU

Die Enttäuschung ist vorprogrammiert. Da hat man Hortensien mit intensiv blauen Blüten gekauft. Im nächsten Jahr aber blühen die gleichen Exemplare nur noch blassrosa. Verbirgt sich dahinter eine chemische Panscherei, die die Pflanzen nur einmalig blau färbt? Fachverkäufer legen bei solcherlei Nachfragen die Stirn in Falten und murmeln etwas von Spezialdüngern. In *Pareys Gartenbaulexikon* heißt es: »Die Blaufärbung beruht auf einem Farbumschlag durch Einwirken von Aluminium und Eisen auf die Farbstoffe in der Blüte.«[58] Findige Gärtner sind daher auf die Idee mit den rostigen Nägeln gekommen. »Stimmt es, dass man unter die Erde rostige Nägel mischen soll, damit die Pflanze im nächsten Jahr wieder blau blüht?«, lautet eine Frage im SDR 1 Ratgeber *333 Tips für Zimmerpflanzen*[59].

Die Idee ist nicht ganz falsch. Von den Nägeln löst sich allmählich Eisen und Eisen hat offensichtlich Einfluss auf die Blaufärbung. Warum sollte das nicht funktionieren?

Funktioniert aber nicht. Zunächst muss man wissen, dass für die Blütenfarbe der Pflanzen in erster Linie der pH-Wert, also der Säuregrad, des Bodens entscheidend ist. Nur in einem sauren Milieu können die Blüten überhaupt blau blühen. Dann nämlich nehmen Pflanzen im Boden gelöste Eisen- oder Aluminium-Ionen auf. Bei einem pH-Wert über 6 werden diese Metalle in chemischen Bindungen festgehalten und haben gar keinen Einfluss auf die Farbgebung.

Ein saurer Boden ist also Voraussetzung. Mittlerweile weiß man: Aluminium färbt die Blüten wirkungsvoller blau als Eisen. Gärtner nutzen dazu Kalialaun. Sie mischen davon vier Gramm auf einen Liter Erde. Später verabreichen sie noch zweimal zwei bis drei Gramm Alaun pro Topf.[60] Spezielle Dünger für Hortensien aus dem Gartenfachhandel enthalten auch Alaun. Sie sind für Pflanzen im Topf und in den Beeten geeignet.

Werden diese Vorkehrungen auch alle akribisch eingehalten, so färbt sich noch immer nicht jede Hortensienblüte blau. Dazu müssen erst die genetischen Voraussetzungen gegeben sein. Rosa Züchtungen bleiben also immer rosa. Die sicherste Vorgehensweise ist folgende: Man kaufe eine blaue Hortensie, sorge im nächsten Frühling durch die richtige Düngung dafür, dass der Boden sauer bleibt, und verabreiche Kalialaun, statt rostiger Nägel.

HORTENSIENBÜSCHE MÜSSEN IM FRÜHJAHR FAST BIS ZUM BODEN ZURÜCKGESCHNITTEN WERDEN

Die Blütenbildung der Hortensien stellt einen botanischen Sonderfall dar. Das wusste der Botaniker Philibert Commerson noch nicht, als er vor gut 250 Jahren die ersten Exemplare dieser Pflanze nach Europa schmuggelte. Dass diese Besonderheit auch spezielle Kenntnisse für den Schnitt der Sträucher verlangt, ist auch heute noch nicht jedem Pflanzenliebhaber klar.

Bis weit ins 18. Jahrhundert führte der »Acht-Göttinnen-Strauch«, wie die Hortensien in ihrer chinesischen Heimat heißen, ein eher stilles Dasein. Die Potentaten der Mandschu-Dynastie hüteten die Schätze ihres weiten Landes mit Argusaugen. Sie beschränkten den Handel auf die Hafenstadt Kanton, das Landesinnere blieb – vor allem Europäern – lange Zeit verborgen. Sogenannte Pflanzenjäger riskierten immer wieder Kopf und Kragen für einzelne botanische Raritäten. Nicht selten blieb im Dunkeln, ob ihre Trophäen direkt aus der Natur stammten oder aus höfischen Gärten in ihren Besitz gekommen waren.

Unter dem Kommando von Louis-Antoine de Bougainville segelte 1769 ein französisches Schiff, voll beladen mit asiatischen Kostbarkeiten, in Richtung Heimat. An Bord befanden sich der schon erwähnte Philibert Commerson samt seiner seltsamen Fracht: Kisten mit getrockneten Kräutern, Säcke voller fremder Samen und Hunderter frischer Pflanzen. Auch eine rosa schillernde Blütenpflanze, die später den botanischen Namen *Hydrangea macrophylla* erhalten sollte, war seiner Sammelleidenschaft nicht entgangen. Es wird behauptet, schon Commerson hätte diese ungewöhnliche Pflanze Hortensie getauft, nach seiner Freundin Hortense, die mit ihm an Bord war. Im Nachhinein ist allerdings strittig, ob nicht Königin Hortense von Holland (1783-1837), Mutter Napoleons III., die Namenspatronin der Pflanze ist.

Nach den von Commerson eingeführten Prachtexemplaren der *Hydrangea macrophylla* – diese Art heißt bei uns heute Bauernhortensie – wurden später eine Reihe weiterer Arten gefunden, darunter die aus Nordamerika stammende Schneeballhortensie (*Hydrangea arborescens*) und die Rispenhortensie (*Hydrangea paniculata*). Letztere brachte Philipp Franz Balthasar von Siebold, ein deutscher Arzt und Naturforscher, 1862 von einer Japanreise mit nach Europa.

Für die meisten Menschen verkörpern Bauernhortensien den Inbegriff der Gattung. Die Sträucher mit den aufgeplusterten farbigen Blüten sind die heimlichen Stars des Spätsommers. Ab Mitte Juli machen sie den Rosen den Rang als »Rädelsführerinnen« im Garten streitig. Die Sträucher behalten ihren Zauber bis in den Herbst hinein, wobei die anfangs kräftigen Farben nach und nach verblassen und sich mit changierenden Verläufen eindrucksvoll verabschieden. Noch die trockenen, pergamentzarten Blütenstände sind den ganzen Winter über eine Zierde.

Im Frühjahr stellt sich dann die große Gärtnerfrage, was nun mit den blütenlosen Büschen zu tun sei. Viele greifen zur Schere und schneiden die Pflanzen knapp über dem Boden ab. Wer sich nach den gängigen Schnittregeln richtet, tut damit im Grunde nichts Falsches. Danach werden Sträucher, die »im Sommer oder Herbst, an den jungen diesjährigen Trieben« blühen, »im zeitigen Frühjahr vor dem Austrieb bis auf das verholzte Gerüst oder bis etwa 10 cm über dem Boden zurückgeschnitten«, wie der Gehölzkundler Helmut Pirc empfiehlt.[61] Das trifft für die Rispen- und Schneeballhortensie, insbesondere die beliebten Sorten »Annabelle« und »Limelight«, auch zu. Es gilt aber eben nicht für Bauernhortensien.

Bauernhortensien blühen nämlich nicht an »jungen, diesjährigen Trieben«, sondern an Trieben aus den Vorjahren. Werden diese über dem Boden gekappt, treibt zwar viel neuer Grünwuchs aus der Basis der Pflanze. Blühen jedoch wird diese im gleichen Jahr nun nicht mehr! Bauernhortensien sollten in den ersten Jahren am besten gar nicht geschnitten werden. Später kann man deren Triebspitzen im Frühjahr bis zu einem Drittel zurücknehmen und den Strauch etwas auslichten.

An vielen Hortensien, die man als Topfpflanze gekauft und später in den Garten gepflanzt hat, lässt sich ein ähnliches Phänomen beobachten: Sie treiben im Frühjahr zwar mit frischen Trieben aus, blühen dann aber nicht. In diesem Fall sind deren Blütenknospen über Winter erfroren. Überwiegend werden nämlich ebenfalls Bauernhortensien für den Zimmerpflanzenmarkt präpariert. Die Züchter verfolgen mit diesen speziellen Sorten allerdings andere Ziele als mit Sorten für den Garten. So besitzen Zimmerhortensien oft nicht die nötige Frosthärte. Einen milden Winter können die Pflanzen im Garten zwar überstehen. Erfrieren aber die oberirdischen Triebe, ist die Blüte für das folgende Jahr passé. Der Schaden durch Frost oder einen starken Rückschnitt kann also identisch sein. Wer Hortensien in den Garten setzt, sollte nur speziell für draußen gezüchtete Sorten kaufen. Man bekommt diese am besten in einer Baumschule.

Seit wenigen Jahren ist eine neue Sorte auf dem Markt. Sie heißt »Endless Summer« und stammt aus den USA. Wie der Name verspricht, blüht sie von Juli an den ganzen Sommer über. Denn ihre Blüten entspringen sowohl jungen als auch vorjährigen Trieben. Hortensien sind eben immer wieder für eine Kuriosität gut. Geschnitten wird dieser Dauerblüher wie eine klassische Bauernhortensie: die ersten Jahre gar nicht und dann im Frühling behutsam, um Licht durchzulassen.

Kirschbäume lassen sich durchs Schneiden klein halten

Kirschbäume haben eine besondere Anziehungskraft – vor allem ihrer roten, süßen Früchte wegen. Kinder können gar nicht genug davon bekommen. Während des Naschens üben sie sich zugleich im Weitspucken. Als Schmuck taugen die roten Klunker auch. Dazu muss einfach ein Zwillingspaar übers Ohr baumeln. Ohne Frage, Kirschen und vor allem Süßkirschen wecken tiefe Sehnsüchte in uns, auch wenn wir schon lange erwachsen sind. Es verwundert daher nicht, dass der Plan, eine Süßkirsche in den ersten eigenen Garten zu pflanzen, häufig einem Herzenswunsch entspringt. Der zaghafte Einwand, dass diese Bäume stark wachsen und große Höhen erreichen, wird in den Wind geschlagen: »Dann stutzen wir ihn uns eben zurecht. Das ist doch kein Problem«, glaubt der noch unbedarfte Gärtner.

Es ist eben doch ein Problem! Gewöhnlich dauert es rund sechs Jahre, bis eine Süßkirsche Früchte trägt. Der Baum hat dann schon Ausmaße, die es schwer machen, die fruchtigen Snacks ohne Leiter bequem zu erreichen. So schnell allerdings kann man gar nicht die Sprossen erklimmen, wie die Vögel da sind. Besonders Stare sind närrisch auf Kirschen. Zu dumm, da hatte man die erste Ernte schon vor Augen – und dann landet sie in fremden Schnäbeln. Dafür hat man hingenommen, dass der Baum mittlerweile den halben Garten okkupiert. Acht Meter an Höhe und Umfang sind für eine normale Süßkirsche die Regel.

Schneiden löst diese Probleme – leider – nicht. Denn die Bäume sollen eigentlich gar nicht geschnitten werden: »Die Kirschbäume bauen gewöhnlich ohne Eingriffe des Gärtners eine schöne, meist pyramidale Krone auf«.[62] Mit der Schere richtet man eher Unheil an. Starke Eingriffe vernichten viele Blütenbuketts und der Baum reagiert darauf häufig mit sogenannten Wasserschossen. Das sind lange Ruten ohne Blütenknospen. Die Schere braucht man höchstens mal, um schwache, trockene oder quer in die Krone hineinragende Äste zu entfernen.

Glücklicherweise gibt es dennoch eine Lösung. Wie so oft, bedarf es dafür eines Perspektivwechsels. Wenn es nicht gelingt, die Bäume von außen klein zu halten, wäre es dann nicht möglich, die Bäume – sozusagen von innen – klein zu züchten? Genau mit dieser Frage beschäftigen sich Gärtner seit geraumer Zeit. Das Vorbild liefern die Apfelbäume. Hier hatte man es geschafft, die Bäume von ursprünglich wüchsigen sechs Metern Höhe auf ein Drittel zu schrumpfen. Nur mannshoch werden diese Obstgehölze jetzt noch. Die Früchte können locker ohne Leiter direkt vom Boden aus gepflückt werden. Gelungen ist das durch eine langjährige traditionelle Züchtung ohne chemische Stauchung oder Gentechnik. Genau genommen hatte man kraftstrotzende Pflanzen zu schwach wachsenden umgemodelt. Manipuliert wurde dafür die Wuchskraft der Wurzel, die in diesem Fall »Unterlage« heißt.

Seit der Antike werden Obstbäume veredelt: Ein Zweig einer geschmackvollen, edlen Sorte wird auf eine andere Pflanze gepfropft, die nur ihre Wurzel und ein Stück Stamm zur Verfügung stellt. Pflanzen, die als

Unterlage dienen, waren früher ausschließlich Wildgehölze. Für Kirschen etwa nutzt man die Vogelkirsche *Prunus avium*, ein in der Natur gut 20 Meter hoch wachsender Baum. Für den Apfel fand man Ende der Sechzigerjahre Unterlagen, die den Wuchs stark zügeln. Sie entstanden in der englischen Versuchsanstalt East Malling und tragen alle den Buchstaben M im Namen. Verbreitet sind die schwach wachsende Unterlage »M9« und die etwas stärkere »M7«. Egal, ob Elstar, Holsteiner Cox oder Boskoop – die Größe des Obststrauches richtet sich danach, ob die jeweilige Sorte auf einer »M9« oder »M7« wächst. Nur wer einen stattlichen Baum wünscht, sollte eine junge Obstpflanze suchen, die einen sogenannten Sämling als Unterlage hat. Dieser besitzt Kraft für gut fünf Meter Wuchshöhe. Denn auch für Apfelbäume gilt: Sie werden nicht durchs Schneiden klein gehalten, sondern durch die richtige Unterlage.

Passende Wurzel-Unterlagen gibt es nun auch für Süßkirschen. Mit diesem Ziel hatte die Universität Gießen 1981 ein Züchtungsprogramm gestartet. Aus 6.000 Typen machte schließlich eine das Rennen: GiSelA 5 (Gießener Selektions Auslese Nr. 5). Durch sie werden Kirschbäume zwar noch keine Zwerge. Aber sie halbiert die Wuchshöhe im Vergleich zur Vogelkirschenunterlage auf etwa vier Meter. Andere GiSelA-Unterlagen wie die aus Weihenstephan stammende Weiroot sind hinzugekommen. Nur im Handel tauchen sie bislang leider viel zu selten auf. Erstgärtnern mit Kirschbaumwunsch nützt also keine Schere, damit aus dem Kindheitstraum kein Gartentrauma wird, sondern detektivischer Spürsinn: Es gilt, von vornherein einen kleinwüchsigen Baum aufzutreiben.

DER KIWI-GÄRTNER BRAUCHT STETS ZWEI PFLANZEN – MÄNNLICHE UND WEIBLICHE

In den Fünfzigerjahren kamen die ersten Kiwis nach Deutschland. Die direkt aus Neuseeland importierte pelzige Frucht passte in die Wirtschaftswunderzeit. War sie doch ein Zeichen dafür, dass man wieder zur Weltgemeinschaft gehörte. Ein bisschen Exotik tat nach harten Jahren der Entbehrung gut. Schnell stellte sich auch heraus, dass die Pflanzen sogar in unseren Breiten gedeihen. Dazu musste man ihnen nur einen sonnigen und vor kalten Ostwinden geschützten Mauerplatz geben.

Die Krux war nur, man musste mindestens zwei Pflanzen kaufen, wollte man Früchte im heimischen Garten ernten. Denn das Schlinggewächs ist zweihäusig, wie die Botaniker sagen. Männliche und weibliche Blüten entstehen an zwei unterschiedlichen Pflanzen. Die weiblichen Exemplare tragen charakteristische Blüten mit strahlenförmig angeordneten Fruchtknoten und Griffeln. »Strahlengriffel« werden Kiwis daher auch genannt, worauf sich der botanische Name *Actinidia* (*Aktis* griechisch »Strahl«) bezieht.

Ihre Urheimat befindet sich in den bewaldeten Schluchten Zentralchinas. Vor rund 100 Jahren gelangten die ersten Kiwis der Art *Actinidia chinensis* nach Neuseeland. Anfangs hieß die seltsame Frucht noch Yang-tao, weil sie aus dem Tal des Jangtse bekannt war, wie die Autorin Magda Bauckmann schreibt.[63] Namensgeber wurde dann jedoch sehr bald der Kiwi, ein nachtaktiver, kaninchengroßer neuseeländischer

Laufvogel, der der pelzig braunen Frucht ähnlich sieht.

Die Pflanzen beanspruchen viel Platz. Ihre Triebe können bis zu zehn Meter hoch klettern und eine Pergola überspannen. Wo das Ernten der Früchte im Vordergrund steht, werden die Kiwis an Spalieren oder an der Hauswand gezogen. Die Triebe formt man fächerförmig und beschneidet sie regelmäßig wie Weintrauben, sodass sich die Früchte optimal entwickeln. Weibliche Pflanze brauchen dann immer noch mindestens drei Meter Abstand voneinander. Ein männliches Exemplar begnügt sich dagegen mit nur einem Meter Abstand zu beiden Seiten. Doch es kann immerhin rund acht Weibchen ausreichend befruchten.

Im Hamburger Westen ist auf diese Art das Gemäuer einer Garage unter dem üppigen Bewuchs verschiedener Kiwipflanzen verschwunden. Jährlich werden dort einige Eimer voll Früchte geerntet.

Vor gut 20 Jahren machte die Zucht dann plötzlich einen Quantensprung. Der Züchter Paul Venhorst, aus dem holländischen Tegelen bei Venlo, entdeckte in seinen Gewächshäusern eine Pflanze, die sich deutlich von den anderen unterschied. Sie wurde isoliert und genauer unter die Lupe genommen. Nach einer dreijährigen Testphase stellte sich heraus, dass die Blüten dieser Pflanze tatsächlich Männlein und Weiblein in sich vereinigen und dazu fähig sind, ohne eine weitere Pflanze Früchte hervorzubringen. Ihre Früchte werden etwa walnussgroß und schmecken zuckersüß. Nach der jüngsten Tochter erhielt diese einzigartige Sorte den Namen »Jenny«. Mittlerweile ist »Jenny« in mehr als 20 Ländern weltweit heimisch. Allerdings sollte man genau hinschauen und nur Pflanzen mit Originaletikett kaufen. Denn es sind viele »falsche« Jennys unterwegs, die sich mit fremden Federn schmücken.

KOMPOST IST GUT FÜR DEN BODEN, ABER ERSETZT KEINEN DÜNGER

Tut man es überhaupt noch? Trägt man noch die organischen Abfälle aus Haus und Garten auf den Komposthaufen? Weiß man noch um das Potenzial, das in diesen schwarzen Krümeln steckt? Knapp und präzise heißt es dazu in einer Broschüre des Bundesministeriums für Ernährung, Landwirtschaft und Forsten aus dem Jahr 1992: »Durch die Kompostierung gewinnt der Gärtner aus organischen Abfallstoffen wertvollen Humus, den er im Garten ausbringen kann.«[64] Unsere Großeltern wussten darum und haben es beherzigt. Zu dieser Generation gehörte auch der 1890 geborene Alwin Seifert. Seifert, einer der Vorreiter der Naturgartenbewegung, schrieb noch als Hochbetagter, zu Beginn der Siebzigerjahre, mit seinem Buch *Gärtnern, Ackern – ohne Gift* eine Hymne auf den Kompost. Darin heißt es: »Mit vierzig habe ich angefangen Kompost zu machen; jetzt, nach abermals vierzig Jahren, glaube ich die Kunst zu beherrschen, ihn mit geringstem Aufwand an körperlicher Arbeit geradezu elegant herzustellen.«[65]

Die Kriegsgeneration dagegen wollte sich die Hände nicht mehr schmutzig machen. Sie verfuhr nach dem Motto: Viel hilft viel. Schaufelweise verteilte sie Blaukorn auf dem Rasen und den Beeten. Dieser mineralische Dünger, der sich nach rund vier Wochen vollständig aufgelöst hatte, war die Wunderwaffe dieser Generation. Ihre grüne Revolution im Hausgarten. Damals, als Leistung noch zählte und der VW Käfer millionenfach vom Band rollte, mussten der Kohlrabi »Superschmelz« kindskopfgroß und die Sonnenblumen haushoch werden. Das Laub der Edelrosen glänzte so stahlblau wie das Mineraldüngerkorn auf dem Boden darunter – ein sicheres Zeichen von Überdüngung. Doch wen interessierte das schon, zu einer Zeit, in der man noch nichts von Nitratgehalten im Grundwasser und im Gemüse wusste. Die Läuse jedenfalls hat es gefreut, denn sie bevorzugen den Saft von gemästeten Pflanzen. Gegen diese Viecher hatte man dann eine trübe giftige Flüssigkeit parat.

Jene leichtfertigen Zeiten sind vorbei. In den ökobewegten und designorientierten Jahrzehnten, die folgten, lernte man, dass nicht Masse, sondern Klasse zählt. So kam Kompost allmählich wieder zu Ehren. Hatte er nicht schon früher als das »Gold des Gärtners« gegolten? Was kann man damit schon falsch machen? Viel hilft viel – war es nicht so? Viel Gutes kann doch eigentlich nur noch mehr Gutes bedeuten, oder?

An den guten Wirkungen des von Mikroorganismen und Würmern verdauten Materials gibt es keine Zweifel. Allerdings haben wir es dabei nicht nur mit einem Bodenverbesserungsmittel, sondern eben auch mit einem wertvollen Dünger zu tun. »Viele Gartenbesitzer unterschätzen jedoch den Nährstoffgehalt von Komposten und bringen deshalb zuviel davon aus bzw. geben zusätzlich noch andere organische oder auch mineralische Dünger«[66], heißt es dazu im Rahmen einer Untersuchung an der Fachhochschule Weihenstephan.

Unter die Lupe genommen wurden die Komposte aus 18 Gärten verschiedener Gemeinden des Landkreises München. Daraus ergaben sich mittlere Nährstoffgehalte von rund 6 Gramm Stickstoff (N), 4,2 Gramm Phosphor (P_2O_5) und 3,2 Gramm Kalium (K_2O) pro Liter Kompost. Um einen Anhaltspunkt zu bekommen, wie viel Dünger pro Jahr ausgebracht werden muss, legt man den Nährstoffentzug der Pflanzen zugrunde. Bei normalen Gartenkulturen liegt er im Schnitt bei 3-6 Gramm Phosphor und 10-30 Gramm Kalium pro Quadratmeter. Stickstoff wirkt sich stark auf das Wachstum aus. Daher berücksichtig man hier gezielt den Bedarf einzelner Pflanzen. Man unterscheidet schwach zehrende wie Storchschnabel und Sommersalbei, mittelstark zehrende wie Goldgarbe und Astilbe sowie stark zehrende Kulturen wie Rittersporn und Sommerphlox. Sie verbrauchen jährlich zwischen fünf und 20 Gramm Stickstoff.

Mithilfe von Kompost können diese Verluste ausgeglichen werden. Will man jedoch ein unnötiges Überdüngen der Böden vermeiden, hält man sich mit den Gaben etwas zurück.

Die Untersuchung empfiehlt daher, nicht mehr als 2,5 Liter Kompost pro Jahr und Quadratmeter auf den Beeten zu verteilen. Die Kaliumlücke, die dann bleibt, kann durch das kalireiche Laub von Zier- und Obstgehölzen gedeckt werden, wenn dieses nicht aus den Gärten geschafft, sondern ebenfalls verteilt wird.

Der wichtige Stickstoff liegt im Kompost immer in gebundener Form vor. Er wird immer nur peu à peu freigesetzt. Innerhalb eines Jahres sind nur etwa zehn Prozent des vorhandenen Nährelements für die Pflanzen nutzbar. Bei einer Kompostgabe von zwei Litern pro Quadratmeter kann man mit einem Gramm verfügbarem Stickstoff rechnen. Pflanzen, die einen hohen Bedarf haben, bekommen daher noch eine Extraration in Form von Hornspänen.

Kompost ist also ein richtiger Dünger, mit dem man fast den gesamten Nährstoffbedarf der Stauden, Blumen, Sträucher und Gemüsepflanzen decken kann. Nur für Rhododendren ist er ungeeignet, da er hohe Mengen an Kalk besitzt – hier ist eine Laubschicht angebrachter. Wer über keinen eigenen Kompost verfügt, braucht übrigens trotzdem nicht auf ihn zu verzichten: Inzwischen kann man ihn auf fast allen Recyclinghöfen günstig bekommen.

LAUB VERROTTET SCHLECHT UND MUSS AUF DER DEPONIE ENTSORGT WERDEN

Woher kommt es nur, dass so viele Menschen im Herbst über Berge von Laub stöhnen? Sie kehren es grimmig zusammen, verschnüren es wie Sondermüll in Säcke und lassen es abtransportieren.

Es gab Zeiten, da waren diese abgelegten Blätterkleider heiß begehrt. Noch vor weniger als 100 Jahren fuhren Gärtner in den Wald und karrten mühselig den Humus nach Hause, der sich dort im Laufe der Zeit auf ganz natürliche Weise aus dem Falllaub angesammelt hatte. Je tiefer man in die sich am Boden türmenden Schichten gräbt, desto stärker hat sich das Laub zersetzt. Es entfaltet den typischen Geruch nach Waldboden, der als Merkmal für die Güte einer Erde zählt. Den Gärtnern war Torf als Blumenerde damals noch weitestgehend unbekannt. So bereiteten sie aus dem heimischen Humus spezielle Lauberden, in denen sie die Pflanzen heranzogen. Aus dem Wald bedienten sie sich zusätzlich, weil ihr Bedarf an Laub die häuslichen Vorräte um Vieles überstieg.

Elizabeth MacLeod Matthews weiß heute noch um den großen Segen dieses natürlichen Rohstoffes. Die Landlady vom Gut Chenies Manor etwa 20 Kilometer nordwestlich von London lässt sich jedes Jahr das gesamte Herbstlaub aus der Gemeinde heranschaffen, um es auf den Beeten ihrer weitläufigen Anlage zu verteilen. Für sie ist Laub einer der besten Humuslieferanten. Zudem hilft es empfindlichen Pflanzen und Blumenzwiebeln über den Winter, weil es gegen Barfröste schützt. Die Engländerin bringt jährlich mehr als 6.000 Tulpen in die Erde. Sie weiß, was sie diesen Knollen schuldig ist, damit deren Häupter sich im Frühjahr stolz mit Blüten krönen.

Wird das Laub nicht aus den Beeten geräumt, dient es Regenwürmern und anderen Bodenlebewesen als Nahrung, die es zu Humus verarbeiten. Rasenflächen und Wege müssen allerdings davon befreit werden.

Hilfreich ist dabei ein Rasenmäher, der die Blätter, sofern sie trocken sind, zerkleinert und zusammen mit Gras im Fangsack sammelt. Besonders das eher harte Laub von Eiche, Buche, Platane, Pappel und Walnuss zersetzt sich schneller, wenn man es im Verhältnis eins zu eins mit Rasenschnitt mischt. Mikroorganismen benötigen Stickstoff zur Verdauung der Zellulose. Der ist in den trockenen harten Laubarten kaum noch vorhanden. Reicht der Grünschnitt dafür also nicht mehr aus, so sollte man 30 Gramm Hornspäne pro Quadratmeter zwischen das Laub streuen, wenn dieses auf den Beeten verteilt oder auf den Komposthaufen gebracht wird. Das Laub von Obstbäumen, Birke, Erle, Ahorn, Linde, Esche und Ulme ist dagegen weich und verrottet rasch.

Stauden, die aus dem Wald stammen, sind es gewohnt, dass jährlich Berge von Laub auf sie hinabregnen. Farn, Astilbe, Anemome, Funkie, Lungenkraut und Waldgeißbart brauchen diese luftige Auflage. Sie hält den Boden feucht und locker und versorgt die Pflanzen mit Nährstoffen. Von Natur aus sind ihre jungen Triebe daran gewöhnt, sich im Frühjahr durch Laubschichten zu bohren.

Da Laub den Boden leicht säuert, profitieren besonders Rhododendren davon. Andere Rabatten, die im Herbst durchaus mit einer zehn Zentimeter dicken Lage bedacht werden können, sollten alle zwei Jahre mit etwa 250 Gramm gemahlenem Kalk pro Quadratmeter gedüngt werden. Reifer Kompost, der darüber gestreut wird, beschleunigt die Rotte. Können die Beetflächen das Laub nicht komplett aufnehmen, lässt sich der Überschuss in eine schattige Gartenecke schaffen.

Schon bald verwandeln sich die unteren Lagen in duftende Walderde. Wenn es dann ans Verteilen geht, würden alle Gewächse laut »hier« schreien – wenn sie denn könnten.

LÄUSE SAUGEN NUR AN STÄNGELN UND BLÄTTERN

Die Grüne Pfirsichblattlaus ist nicht wählerisch. Auf dem Speisezettel des knapp reiskorngroßen Insekts aus der Gattung der Röhrenblattläuse stehen neben Kartoffeln, Rüben, Gurken und Kohl noch etwa 400 weitere Gewächse, darunter viele Zierpflanzen, auch solche, die im Haus wachsen. Wenn es den Läusen schmeckt, lassen sie sich auf Blättern und Stängeln nieder. Sie dringen mit ihren Saugrüsseln in das Gewebe vor und schlürfen damit wie aus Strohhalmen den süßen Zellsaft. Noch auffälliger sind die fetten Schwarze Bohnen-Blattläuse. Sie tragen zwei kurze Siphonen auf dem Hinterleib, die wie Borsten aussehen. Daraus wird ein Sekret versprüht, um Angreifer abzuwehren. Diese Läuse treten in Kolonien auf. Sie saugen träge vor sich hin und sitzen häufig so dicht gedrängt an den grünen Pflanzentrieben, dass diese rundum schwarz besetzt sind. Betroffen davon sind neben Bohnen häufig auch Kapuzinerkresse, Holunder und Schneeball.

Das sind nur zwei der sichtbaren Pflanzensauger. Doch es gibt mindestens ebenso viele Läuse, die ihr Geschäft im Verborgenen erledigen, etwa die Schildläuse.

Sie halten sich unter einer festen Hülle versteckt. Die San José-Schildlaus ist eine der gefürchtetsten von ihnen. Im kalifornischen San José trat sie erstmals als Schädling in Erscheinung. In den Westen Deutschlands wurde sie 1946 eingeschleppt und durch strenge Hygiene lange Zeit in Schach gehalten. Ungehindert befallen sie vor allem Obstgehölze wie Äpfel, Birnen, Pflaumen, Kirschen und Johannisbeeren. Dort kleben die Tierchen zu Tausenden unter knapp zwei Millimeter großen weißlich grauen Deckeln an den verholzten Trieben. Die Zweige sehen aus, als wären sie mit Asche bestreut. Der Deckel lässt sich aufklappen. Darunter hocken die orangegelben, gedrungenen Läuse. Mit ihrem Speichel injizieren sie eine giftige Substanz in die Pflanzen. Das Gift führt zum allmählichen Absterben der Baumkronen. Auch Früchte werden befallen, sichtbar an den ringförmigen roten Verfärbungen auf der Schale. An Johannisbeeren kann der Schaden noch ernster sein als an Äpfeln. »Durch den Befall werden die Sträucher binnen kurzer Zeit abgetötet. Die Früchte vertrocknen plötzlich, die Pflanze wird gelb und stößt die Blätter ab«[67], schreibt Professor Kurt Heinze von der Biologischen Bundesanstalt für Land- und Forstwirtschaft in Berlin.

Zum Glück gab es gegen den kalifornischen Eindringling Rettung: die Zehrwespe namens *Prospaltella perniciosi*, einen halben Millimeter groß. Zwischen 1954 und 1985 wurden etwa 30 Millionen dieser Tierchen ausgesetzt. Der Läusebefall ging um 95 Prozent zurück. »Seither ist der Parasit eingebürgert, und die Schildlaus hat ihren Schrecken verloren«[68], so der Nützlingsexperte Hans Steiner. Die Klimaerwärmung scheint ihre

Ausbreitung aber nun zu begünstigen. Im Sommer 2005 wurden die ersten neuen Exemplare in Thüringen gesichtet.[69]

Die im Dunkeln sieht man nicht, heißt es in Brechts *Dreigroschenoper* über Bettler und Gesindel. Das trifft auch auf die Wurzelläuse zu. Sie saugen, wie der Name schon sagt, an den unterirdischen Pflanzenorganen. Wenn Salat oder Endivien kümmern und ohne ersichtlichen Grund gelbe Blätter bekommen, ist es angebracht, um die Wurzeln herum zu kratzen. Weiße wachsartige Flocken in der Erde sind Zeichen der Übeltäter: Wurzelläuse.

Gegen sie lässt sich nur wenig ausrichten. Am besten wählt man Salatsorten, die infolge von Resistenzen gegen die Läuse gewappnet sind. Buchsbäume können ebenfalls von Wurzelläusen befallen werden. Sie bekommen dann kupfergelbe Blätter. Den größten Schaden richtet aber wohl die Reblaus an, die es auf die Wurzeln der Europäer-Reben abgesehen hat und dort starke Wucherungen hervorruft. Die Pflanzen sterben ab, weil sie kein Wasser mehr aufnehmen können. Der Schädling wurde Mitte des 19. Jahrhunderts aus Amerika nach Europa eingeschleppt. Zwischen 1865 und 1885 zerstörte er große Teile der französischen Weinreben. In den Griff bekam man das Biest erst, als man europäische Rebsorten auf amerikanische reblausresistente Unterlagen pfropfte.

LAVENDEL UND ROSEN SIND GUTE NACHBARN

Passen Morgenmuffel und Frühaufsteher gut zusammen? Nun, sie haben ganz offensichtlich unterschiedliche Schlafbedürfnisse. Und sie können sich daher ziemlich auf die Nerven gehen. Vielleicht aber können die zwei optisch doch ein hübsches Paar abgeben. Reicht das allein für eine gute Beziehung? Solche Fragen lassen sich bei uns Menschen natürlich nicht generell beantworten. Anders ist es, wenn es um Paarungen von Pflanzen geht wie zwischen Lavendel und Rosen. Dass die beiden zusammen ganz gut aussehen, ist eigentlich unstrittig. Betrachtet man aber ihre jeweiligen Bedürfnisse, könnten sie unterschiedlicher nicht sein.

Kulturrosen, also alle gezüchteten Sorten, verlangen nach lockeren, nicht zu trockenen und gut mit Nährstoffen versorgten Böden. Diese Pflanzen mögen keine Extreme. Nicht zu Unrecht hält man sie für Diven, die viel Aufmerksamkeit wollen. Karge Sandböden zum Beispiel wären für sie ein Affront, den sie nicht lange hinnehmen würden. Bald schon würden sie dort beleidigt die Segel streichen.

Lavendel, der als Kulturpflanze in ganz Südeuropa verbreitet ist, liebt dagegen durchlässige, nährstoffarme Böden. »In der Wildnis wächst er teils in ziemlich unwirtlichem Untergrund«, heißt es in dem Standardwerk über Lavendel von Tim Upson und Susyn Andrews.[70] Steine und Trockenheit stören ihn nicht, sogar Bauschutt im Boden nimmt er nicht übel. Im Gegenteil: Der Schutt macht den Boden durchlässiger und weniger sauer – Bedingungen, die der Lavendel aus der Natur kennt und die ihm behagen. Viel schlimmer wäre es für ihn, wenn sich Wasser im Wurzelbereich stauen würde.

Stauende Nässe mögen Rosen zwar ebenso wenig, doch ein karger, geröllhaltiger Boden wäre für die Königsklasse die reinste Zumutung. Auch mit mediterraner Hitze tun sich Rosen in der Regel schwer. Sie werden zwar von den Menschen im Süden genauso geliebt und daher dort in den Gärten gehegt. Nach einer kurzen heftigen Blüte im Mai harren die Beautys aber den mediterranen Sommer über eher matt aus und sind dankbar für jeden Schluck Wasser, den sie bekommen. Lavendel steht im Gegensatz dazu wie kaum eine andere Pflanze für die Leichtigkeit des mediterranen Lebensgefühls. Die Berührung des Laubs an heißen Tagen verbreitet den Duft der Provence. Rosen wecken indes zum Beispiel bei Italienern Erinnerungen an britische Cottage-Gärten.

Im Süden gibt es zwischen den beiden Pflanzen also keinen Bezug. Anders in unseren Breiten. Da hat man die beiden zum Traumpaar auserkoren. Es spricht ja auch nichts dagegen, Rosen und Lavendel nebeneinander zu pflanzen – sofern man nur deren unterschiedliche Bedürfnisse berücksichtigt. Rosen brauchen zweimal jährlich Dünger. Damit sollte man den Lavendel verschonen, sonst schießt er ins Kraut und bekommt weiche, krankheitsanfällige Triebe. Am besten lässt man zwischen beiden einen Abstand von mindestens einem Meter. So darf man die zwei dann vermählen, auch wenn sie bezüglich ihrer Grundbedürfnisse eigentlich keine idealen Partner sind.

MÄNNER SIND IM GARTEN NUR ZUM RASENMÄHEN GUT

Bisher war die Sache unter Frauen klar: Männer sollten im Garten nur ganz gezielt eingesetzt werden. Am besten zum Rasenmähen. So etwas macht den Kerlen Spaß, denn in der Welt der Motoren kennen sie sich aus. Und ein Stückchen Rasen ist überschaubar und in geraden Bahnen abzuarbeiten. Zum Schluss kommt der Schnitt in die Tonne, das Mähwerk wird mit dem Gartenschlauch abgespritzt und die Maschine zurück an seinen Platz gestellt. Fertig! Eine saubere, kalkulierbare Tätigkeit.

Das Herz der Frauen schlägt dagegen für alles, was blüht. Und aus diesem sensiblen Hoheitsbereich sollten Männer besser herausgehalten werden.

Auch die Hamburger Autorin Paula Almquist ist Verfechterin dieser klassischen Arbeitsteilung: »Männer sind sehr gut zu gebrauchen zum Rasenmähen, Bäume fällen und auch zum Heckenschneiden«, schrieb sie vor einigen Jahren in der Frauenzeitschrift *Brigitte Woman*, und es gefällt ihnen, »hochgemut mit dem Aufsitzmäher die Gänseblümchen und Butterblumen zu enthaupten.«

Was, wenn er sich im Garten nicht mehr mit der Rolle des groben Klotzes zufrieden gibt und auf einmal an der Anmut blühender Rabatten mitwerkeln möchte? Was also, wenn sich sein Weltbild der Ordnung über ihren farbenfrohen Wildwuchs beugt? Rücken dann schnurgerade Blickachsen an die Stelle malerischer Staudenbeete? Ist männliches und weibliches Gärtnern wirklich unvereinbar?

Paula Almquist sollte es eigentlich besser wissen. Die Entstehungsgeschichte einiger der besten Gärten beweist nämlich das Gegenteil. Nehmen wir Sissinghurst, der noch heute zu den beliebtesten Gärten überhaupt zählt. Er wurde von dem Ehepaar Vita Sackville-West und Harold Nicolson über einen Zeitraum von rund 30 Jahren gemeinsam beackert und gestaltet – und zwar erfolgreich, wie man sieht. Dass dies allerdings nicht ohne Zoff abging, zeigen Harolds Tagebucheinträge aus dem September 1933:

»Messe den Mittelweg im Gemüsegarten aus ... Schließlich weigert sich Vita, an unserer Entscheidung festzuhalten und die elenden Bäumchen zu entfernen, die meinem Entwurf im Weg stehen. Wie immer behindert das romantische Temperament das klassische.«[71] Und drei Tage später klagt er: »Versuche die Perspektive des Gemüsegartens durch Verlängerung der gepflasterten Pfade zu erweitern, stoße aber auf Artischocken und Vitas Entrüstung. Danach betrübt auf dem Rasen Unkraut gejätet. Wir haben eine Diskussion über die Rechte der Frauen.«[72]

Was war passiert? Wo anfangs noch das Gemüse wuchs, wollte Harold die Achsen weiter ziehen, die den Garten insgesamt erschließen sollten. Vita hingegen wusste, dass sie dort den neuen Rosengarten haben wollte, ohne sich schon über dessen Form Gedanken gemacht zu haben. Die Rosen waren ihre Lieblinge, gerade die alten Varietäten mit den samtartigen, gefüllten Blüten, die so betörend dufteten.

Mitte letzten Jahrhunderts war Vita eine der wenigen Persönlichkeiten, die sich wieder für diese fast vergessenen stacheligen Schönheiten einsetzte.[73] Dieser Pracht wollte sie mit dem Rosengarten ein Denkmal setzen, eines, in dessen sehr üppigen, fließenden Formen man schwelgen konnte. Da war Harolds Vorliebe für perfekte Geometrie zunächst fehl am Platz.

Den Sinn für klare Strukturen durfte Harold in anderen Teilen von Sissinghurst ausleben, etwa in der Achse des Lindengangs und derjenigen, die diesen quer dazu mit dem Weißen Garten und dem Rondell im Rosengarten verbindet. Das Raster, das der Anlage seine Räumlichkeit verleiht, geht weitestgehend auf sein Konto. Sogar für den Weißen Garten, wiederum ein Projekt Vitas, das sie mit Ehrgeiz und Enthusiasmus verfolgte, hatte er einen genialen Einfall, der das Areal mit seinen unregelmäßigen Grenzen rechteckig erscheinen ließ. Überhaupt zeigt dieser Garten das perfekte Zusammenspiel beider Eheleute. Ohne die strukturierenden Wege und die Rahmen aus geschnittenen Hecken hätte die Komposition aus weißen Blüten, Düften und dem spannungsreichen Spiel unterschiedlicher Laubformen gar nicht diese Anziehungskraft entfalten können. Ohne die schöpferische Spannung zwischen Ordnung auf der einen und Überschwang auf der anderen Seite hätten die Gärten von Sissinghurst wohl nie diese Vollkommenheit erlangt.

So war auch Vita schließlich mit der gemeinschaftlichen Lebensleistung zufrieden und würdigte den Anteil ihres Mannes: »Allein hätte ich es nie geschafft. Zum Glück hatte ich den idealen Mitstreiter geheiratet. Harold Nicolson muss in einem früheren Leben Gartenarchitekt gewesen sein. Er hat einen natürlichen Sinn für Symmetrie und ein Genie für die Schaffung von Blickpunkten oder Fernsichten, auch wenn alles gegen ihn zu stehen scheint, ein Talent, das mir völlig abgeht. Völlig einig waren wir uns jedoch über das Grundprinzip des Gartens: Eine Kombination von langen axialen Gängen ... und der intimen Überraschung kleiner geometrischer Gärten, die ungefähr so davon abgehen sollten wie die Zimmer eines riesigen Hauses von den Hauptkorridoren. Höchste Strenge der Gestaltung sollte verbunden sein mit maximaler Zwanglosigkeit der Bepflanzung.«[74]

In dem letzten Satz offenbart sich das Geheimnis, das den Zauber vieler schöner Gärten ausmacht. Eine üppige Bepflanzung trifft auf durchkomponierte Strukturen. Es braucht wohl beides: Geometrische Strenge und das Schwelgen in einer Fülle von Farben und Formen, also Geradlinigkeit und Emotionalität, Yin und Yang.

Der Herr im Haus kann im Garten also noch ganz anders seinen Mann stehen als »nur« am Rasenmäher.

ALLE MARIENKÄFER SIND BRAVE BLATTLAUSJÄGER

Scheinbar über Nacht tauchen im späten Frühjahr die Blattläuse auf. Trauben dieser trägen Tierchen kleben dann an Rosen, Schneeball oder Schwarzem Holunder. Schon bald, ahnt der Gärtner düster, ist auch der Rest der Gartenpflanzen betroffen. Wer genau hinschaut, meint zu sehen, wie die Biester ihre Rüssel in das weiche Pflanzengewebe gestochen haben und begierig den süßen Saft saugen. Werden die jungen Triebe bald schwach und bleich dahinkümmern?

Zum Glück sind Pflanzen hart im Nehmen. Sie machen nicht so bald schlapp. Und zum Glück hat die Natur für einen Ausgleich gesorgt. Natürliche Feinde wie Schwebfliegen und Marienkäfer gebieten zügellosem Treiben Einhalt. Eine ganze Armada kleiner Viecher hat nämlich die Blattläuse zu ihrer Lieblingsspeise erkoren. Der erfahrene Gärtner kann ruhig bleiben und abwarten, bis jene in das Geschehen eingreifen. Doch manchmal allerdings nimmt diese Gegenattacke phänomenale Ausmaße an.

Im Sommer 2009 staunten die Menschen in Norddeutschland über eine scheinbar plötzliche Invasion von Marienkäfern. Millionen dieser Glücksbringer wurden zu Beginn der Urlaubszeit auch an den Stränden gesehen. Der Käferforscher Holger Ringel vom Zoologischen Institut der Universität Greifswald prophezeite im Hamburger Wochenmagazin *Der Spiegel*: »Das dauert noch ein paar Tage, vielleicht eine Woche, dann verhungern sie, weil sie alle Blattläuse aufgefressen haben.«[75]

Solch massenhaftes Auftreten ist nicht alltäglich. Dennoch verdeutlicht es die Wirkungsmechanismen der Natur. Auch im eigenen Garten lässt sich das ablesen: So unvermittelt die Läuse auftauchen, so urplötzlich verschwinden sie nach wenigen Wochen wieder von der Bildfläche, und das ohne Spritzen. Hier und da finden sich vielleicht noch ihre weißen, fusselartigen Häute an den Pflanzen, insbesondere auf der Unterseite der Blätter. Sie sehen auf den ersten Blick noch wie Tierchen aus, doch ist kein Leben mehr in ihnen.

Das haben wir den natürlichen Feinden der Läuse zu verdanken, allen voran den Marienkäfern. Sie lassen sich den Braten nicht entgehen. Bis zu 150 Läusemahlzeiten gönnt sich jeder Käfer täglich. Eine sprunghafte Verbreitung des Schädlings treibt auch die Vermehrungsrate des Käfers rasant in die Höhe. So konnte es zu dem oben beschriebenen Phänomen kommen.

Von den rund 70 heimischen Marienkäferarten ernähren sich mehr als zwei Drittel von Blattläusen. Andere haben sich auf Schildläuse, Spinnmilben und Mehltaupilze spezialisiert. Der bekannteste unter ihnen ist der *Coccinella 7-punctata,* was übersetzt so viel wie Sieben-Punkt-Marienkäfer heißt. Schon seine Larven, schwarze längliche Krabbeltiere mit blassen orangefarbenen Punkten, die mehr an Ohrwürmer als an Marienkäfer erinnern, vertilgen im Laufe ihrer Entwicklung 800 Blattläuse. Erwachsen geworden, ist er dann der niedliche rote Glücksbringer mit den schwarzen Punkten.

Kein Wunder also, dass Gärtner bald dazu übergingen, die Tierchen gezielt als chemiefreie Waffe zur Schädlingsbekämpfung einzusetzen. Schon der schwedische Naturforscher Carl von Linné erwog diese Möglichkeit im 18. Jahrhundert. 1874 wurden die ersten Marienkäfer von England nach Neuseeland verschifft, um den dortigen Blattläusen Paroli zu bieten – mit Erfolg, wie sich herausstellte.

Umgekehrt gelangten vor rund 20 Jahren die ersten Asiatischen Marienkäfer (*Harmonia axyridis*) nach Europa. Holländische und belgische Firmen hatten ihn zur Blattlausjagd in Gewächshäusern auserkoren.

Das Insekt, das vielen heimischen Artgenossen zum Verwechseln ähnlich sieht, war jedoch irgendwann ins Freie entwischt. Nun ist es trotz seines Namens mit der Harmonie im Lager der Glücksbringer vorbei. Denn *Harmonia axyridis* ist äußerst agil und sein Appetit unermesslich. Wenn gerade keine Blattläuse verfügbar sind, schnappt er sich alles, was nicht schnell genug flüchten oder wegfliegen kann. Betroffen sind unter anderem die Larven der europäischen Marienkäfer, sodass Befürchtungen laut wurden, der Asiate könne die Existenz der heimischen Artgenossen gefährden.

In die Fänge des Kannibalen geraten auch andere weichhäutige Blattlausvertilger wie die Larven von Schwebfliegen und Florfliegen. Schwarz-gelb gestreift ähneln Schwebfliegen den Wespen. Jedoch fehlt ihnen die typische Wespentaille. Elegant und lautlos schwirren sie durch die Luft und verharren während des Flugs scheinbar bewegungslos. Ihre Eier legen sie mitten in die Blattlauskolonien. Bis zur Verpuppung verspeist jede Larve etwa 900 Läuse. Ebenfalls von auffallender Schönheit sind die hellgrünen Florfliegen mit ihren durchsichtigen, netzartig geaderten Flügeln und goldglänzenden Augen. Ihre Larven besitzen scharfe, zangenartige Kiefer, mit denen sie im Laufe ihres Daseins rund 500 Läuse knacken.

Gerät die Natur nun durch den Unruhestifter aus Asien aus den Fugen? Eher nicht. Aber das Bild, das wir Menschen uns von den Marienkäfern gemacht haben, muss revidiert werden. Zu den braven Söldnern im Dienste der Blattlausbekämpfung sind gewiefte Partisanen aus dem Orient gekommen.

Zum Speiseplan des Allesfressers gehören allerdings auch andere Pflanzenschädlinge wie Schildläuse, Blattflöhe und Spinnmilben. Der Pflanzenliebhaber in uns kann sich dann doch klammheimlich freuen.

MINZEN SIND ZAHME TEEKRÄUTER

Ernest Hemingway hatte in der Altstadt Havannas eine Lieblingsbar, die Bodeguita del Medio. Dort rauchte er dicke kubanische Zigarren, feilte an seiner berühmten Novelle *Der alte Mann und das Meer* und trank Mojito, der aus weißem Rum, Limettensaft, Zuckersirup, gestoßenem Eis und einigen zerdrückten Minzblättern gemixt wird.

Es wird erzählt, dass die Minzblätter für Hemingways Housedrink frisch aus dem Garten der Bodeguita del Medio geholt wurden. Und es wird weiterhin behauptet, Teile dieser Pflanze seien nach Europa gelangt. Jedenfalls vertreiben jetzt einige Gärtner sogenannte Hemingway-Minzen.[76]

Es spricht nichts dagegen, sich dieses Kraut zu besorgen, es in einen Topf oder Beet zu pflanzen und wann immer sich die Gelegenheit dazu bietet, einen echten Mojito à la Hemingway zu kredenzen. Hiermit erweitert sich das Anwendungsspektrum dieser gemeinhin als Magen- und Darmberuhiger bekannten Teepflanze schon beträchtlich. Genau genommen eignen sich dafür aber auch rund ein Dutzend andere Minzen aus einem Sortiment, das mittlerweile allein deutschlandweit weit mehr als 50 verschiedene Arten und Sorten bereithält.

Minzen kreuzen sich ohne Zutun des Menschen leicht untereinander und bilden daher zahlreiche neue Formen. So entstand auch vor einigen Hundert Jahren spontan die Pfefferminze, botanisch heißt sie *Mentha x piperita*, durch die Vermählung von Wasserminze (*Mentha aquatica*) und Grüner Minze (*Mentha spicata*). Sie erhielt den Namen Peppermint vom britischen Biologen John Ray, der sie 1696 auch erstmals beschrieb.

Tee- oder Mojito-Trinker, die auf die nahe liegende Idee kommen, eine große Minz-Sammlung im Garten anzulegen, seien gewarnt. Vor dem Ausbreitungsdrang dieser aromatischen Kräuter muss man sich in Acht nehmen. Grundfalsch sei es, schreibt Jürgen Dahl, »die Minze im Kräuterbeet zu kultivieren. Sie verlangt einen nahrhaften, möglichst etwas feuchten Boden und will frei darin umherwandern. Sie nimmt es meist sehr übel, wenn man sie allzu sehr einengt und etwa in einem eingegrabenen Eimer ohne Boden zu disziplinieren versucht.«[77]

Am besten man räumt den Minzen im Garten einen Ort ein, wo sie sich entfalten können. Es darf dort gerne etwas schattig sein. Doch wer einer einzelnen Pflanze nicht mehrere Quadratmeter zur Verfügung stellen kann, muss die ausbreitungswilligen Wurzelausläufer unterirdisch einpferchen. Gebändigt werden diese am besten in großen Töpfen, die man aufstellen oder auch in die Erde eingraben kann. Die Wurzelstöcke der Kräuter müssen dann allerdings etwa alle zwei Jahre geteilt und in frische Erde gepflanzt werden, um vital zu bleiben. Wo Minzen frei im Beet wachsen sollen, teilt man

Segmente von mindestens einem halben Quadratmeter ab. Dazu werden 50 Zentimeter breite Bahnen von Teichfolie senkrecht in der Erde eingegraben.

Das Kraut sollte geerntet werden, wenn man die ersten Blütenansätze sehen kann. Dann schneidet man am besten morgens, wenn die Blätter abgetrocknet sind, ganze Stängel ab. Frisches Kraut, das nicht gebraucht wird, lässt sich trocknen oder einfrieren.

In Deutschland hat die Bayerische Landesanstalt für Landwirtschaft in den letzten 20 Jahren robuste Pfefferminzen mit hohen Anteilen ätherischer Öle selektiert. Die Sorte »Agnes« hat sich dabei als eine der besten erwiesen. Doch nicht nur der atemraubende Mentholgehalt spricht für die Wahl einer bestimmten Minze. Außergewöhnliche Geschmacksnoten können ebenfalls entscheidend sein. Dem Kümmel ist das Aroma der zarten Pfefferminze »Nana« verwandt und die Sorte »Schokominze« weckt Erinnerungen an Minz-Creme-Schokolade. Innerhalb der Gruppe *Mentha x pipertia var. citrata* finden sich zudem Geschmacksnoten von Eau de Cologne, Orange und Zitrone.

Die Geschmacksrichtung Kaugummi wird durch die Gruppe der Grünen Minzen *Mentha spicata* vertreten. Sie enthalten kaum Menthol als Inhaltsstoff. Wir haben es hier mit einem Aroma zu tun, das man auch als »Spearmint« bezeichnet. Der Minze-Katalog der Staudengärtnerei Dieter Gaissmayer bemerkt dazu: »In großem Stil wird dieses Öl zum Aromatisieren von Zahncreme, Mundwasser, Kaugummi … verwendet. Durch das Fehlen von Menthol sind Spicata-Minzen in der Küche oft bekömmlicher und finden traditionell in der englischen Küche ihre Wertschätzung.«[78]

Als Kind hätten wir schon durch Astrid Lindgren gewarnt sein können, dass es sich bei Minzen nicht um zahme Pflänzchen handelt. Denn ihre nicht zu bändigende Heldin Pippi heißt mit vollem Namen Pippilotta Viktualia Rollgardina *Pfefferminz* Efraimstochter Langstrumpf. Einen ähnlichen Freiheitswillen wie dieses sommersprossige Mädchen verspüren eben auch (fast) alle Vertreter dieser Pflanzenfamilie.

GEGEN MOOS IM RASEN HILFT KALK

Innerhalb des Pflanzenreichs gehören Moose zu den Winzlingen. Viele von ihnen sind weniger als zwei Zentimeter lang. Viele besitzen auch keine Leitungsbahnen, in denen das Wasser von den Wurzeln über die Stängel zu den Blättern transportiert wird. Diese Differenzierung fehlt. Das grüne, chlorophyllhaltige Gewebe saugt die Feuchtigkeit direkt auf – wie ein Schwamm. Die meisten Moose kommen in Wäldern vor. An schattigen, feuchten Orten fühlen sie sich wohl. Das sind für sie ideale Bedingungen, um sich auszubreiten. Auch Moose bilden rasenartige Polster.

Doch Moose und Rasenflächen passen nicht zusammen. Warum das so ist? Vereinfacht könnte man sagen, es ist eine Frage der Macht. Da wo Gras sein soll, hat Moos nichts zu suchen. Dass Moos sich allmählich Terrain vom Rasen abzweigt, weil etwa Baumkronen größer und die Bereiche darunter schattiger werden – undenkbar. Diese samtig weichen, sanft gewölbten Kissen sind ein Ärgernis, wenn sie auftauchen, wo sie nicht hingehören, und sie gehören ein für alle Mal nicht in den Rasen.

Es gibt auch objektive Gründe dafür. Moose schränken den Nutzen auf Rasenflächen ein. Gefährlich rutschig können sie sein. Die lockeren Polster bieten keinen Halt. Bei stärkerer Beanspruchung lösen sie sich leicht aus dem Boden und hinterlassen Kahlstellen. Die entstehen auch, wenn Moose während anhaltender Trockenheit absterben. Auf Rasenflächen, auf denen Bälle gekickt werden und Menschen herumtollen, hat Moos ergo nichts zu suchen.

Noch immer ist die Vorstellung verbreitet, es müsse bloß Kalk über den Rasen gestäubt werden und die Moose würden verschwinden. Leider sind die kleinen Pflänzchen nicht so einfach zu beseitigen. Kalk bewirkt einen Anstieg des pH-Wertes. Der Boden wird also weniger sauer. Viele Moose werden tatsächlich durch niedrige pH-Werte begünstigt, die Torfmoose etwa, die bei pH-Werten um 3 prächtig gedeihen. Doch diese Arten kommen in Rasenflächen rein gar nicht vor. Moose, die den Gräsern unbequem werden können – und davon gibt es viele – haben ganz unterschiedliche Vorlieben. Eine »Charakterart feuchterer, nährstoffreicherer, z. T. beschatteter Park- und Gartenrasen«[79], wie der Sparrige Runzelpeter (*Rhytidiadelphus squarrosus*) vielsagend im *Farbatlas Flechte und Moose* vorgestellt wird, bevorzugt wohl leicht saure Standorte. Andere Moosarten aber indes meiden saure Böden und haben, im Gegenteil, ein Faible für hohe pH-Werte sowie für Sonne und Trockenheit. Allerdings gedeihen auch die Gräser der meisten gängigen

Rasenmischungen am besten auf nährstoffreichen Böden, die zudem etwas sauer sein sollen (pH-Werte zwischen 6 und 7 sind optimal). Ist es da noch Zufall, dass der Sparrige Runzelpeter ihnen gerne zur Seite steht? Völlig absurd wird vor diesem Hintergrund die These, Kalk könne generell gegen Moose helfen. Der Kampf gegen Moos besteht daher immer in einer Bündelung von Maßnahmen, die alle das eine Ziel haben: Sie sollen die Wachstumsbedingungen für die Gräser optimieren. So müssen Verdichtungen, Staunässe und große Schattenbereiche vermieden bzw. beseitigt werden. Am besten bringt man den Boden natürlich vor der Rasenaussaat in einen perfekten Zustand. Wo die Erde immer noch häufig feucht ist, kann eine dünne Schicht Sand aufgetragen werden. Darüber hinaus sind eine ausgewogenen Ernährung der Gräser und ein regelmäßiger Schnitt extrem wichtig. Empfehlenswert ist eine Schnitthöhe von dreieinhalb bis vier Zentimetern. Auf zu kurz geschorenen Flächen nämlich wittert der Sparrige Runzelpeter wieder seinen Vorteil gegenüber dem Gras.

Ist der Boden extrem sauer, liegen die pH-Werte also deutlich unter 5,5, ist sogar das Kalken einer Rasenfläche angebracht. Anderenfalls sind bestimmte Nährstoffe für die Gräser nicht mehr verfügbar.

Möchte man vorhandene Moose loswerden, so hilft das Vertikutieren, also das Bearbeiten der Fläche mit rotierenden Messerwalzen. Es fegt den Filz, somit auch das Moos, aus der Grasnarbe. Entstehende Lücken im Rasen sollten umgehend mit frischer Saat geschlossen werden. Sie werden sonst gerne von Moossporen und Unkrautsamen zu ihren Zwecken missbraucht.

Die chemischen Präparate gegen Moos wirken überwiegend auf der Basis von Eisensulfat. Das Moos verätzt, färbt sich schwarz und stirbt ab. Die Wirkung hält allerdings nur einige Wochen an. Denn die im Boden schlummernden Sporen werden davon nicht betroffen. Haben sich die Rahmenbedingungen nicht ebenfalls geändert, werden bald wieder filigrane Mooskeimlinge zu sehen sein.

In japanischen Gärten übrigens werden Moose nicht nur geduldet: Sie werden sogar mancherorts bewusst kultiviert. Die samtig-pelzigen geheimnisvoll dunklen Polster gehören zur kunstvollen Inszenierung bei der Gartenanlage. Sie strahlen Ruhe und Eleganz aus. So dient Moos in Zen-Gärten nicht nur als effektvoller Bodendecker, sondern auf Hügeln erweckt es den Eindruck von weit entfernten bewaldeten Bergketten.[80] Das lässt sich etwa im Moosgarten rund um das Teehaus im Park von Schloss Eickhof anschaulich erleben. Die Anlage in der niedersächsischen Gemeinde Liebenau, 15 Kilometer westlich von Nienburg an der Weser, ist nach Absprache zu besichtigen.[81]

DER NÄHRSTOFF-BEDARF ALLER GEMÜSE-PFLANZEN IST ANNÄHERND GLEICH

Kürzlich lernte ich eine Bauerntochter kennen. Die Frau mittleren Alters erzählte, sie würde jetzt wieder im elterlichen Haus leben und dort den Garten bewirtschaften. In den früheren Gemüsebeeten der Familie wucherten aber inzwischen große Rhododendren. Diese hätte sie erst einmal alle rausgerissen. Nun wollte sie wieder so wirtschaften wie ihre Mutter ehedem. Zukünftig sollten Kohl, Porree, Möhren, Sellerie und Erbsen aus eigenem Anbau auf den Tisch kommen.

Aber warum nur, klagte mir die Frau, blieb das meiste Gemüse so mickrig? Ich schaute sie verblüfft an. Hatte sie ihrer Mutter denn nie auf die Finger geschaut? Hatte diese sie nie, wie es auf dem Lande üblich ist, mithelfen lassen? Sie sollte doch wohl die unterschiedlichen Nährstoffansprüche der Gemüsearten kennen und wissen, was eine Fruchtfolge ist! Aber, wie so oft in der modernen Gesellschaft, war auch in diesem Fall das Generationenband gerissen. Die Bauerntochter musste büffeln, was sie als Kind hätte en passant aufsaugen können.

Wie funktioniert denn nun eine Fruchtfolge im Garten? Voraussetzung dafür ist, das Gemüse in drei Gruppen aufzuteilen, je nachdem wie viele Nährstoffe es zum Wachsen braucht. Diese Gruppen werden getrennt voneinander angebaut. Zu den hungrigen Arten, den sogenannten Starkzehrern, gehören alle Kohlarten, Sellerie, Tomaten, Lauch und Gurken. Ursprünglich wurde das Land kräftig mit Mist gedüngt, bevor diese Arten in den Boden kamen. Der Mist setzt seine Nährstoffe jedoch nicht alle im ersten Jahr frei. Es bleibt noch genug für die zweite Pflanzengruppe, die Mittelzehrer, die als Folgefrucht auf das gleiche Beet kommt. Dazu zählen Spinat, Rettich, Radieschen, Fenchel, Möhren, Zwiebeln und diverse Salate. Schwachzehrer sind Arten wie Erbsen, Bohnen, Gewürz- und Heilkräuter, die an dritter Stelle stehen.

Heutzutage, wo kaum noch jemand mit Mist düngt, geben die drei Gruppen vor allem einen Hinweis auf deren unterschiedliche Nährstoffansprüche. Dies können natürlich durch andere Dünger (zum Beispiel Kompost etc.) ebenso gut gedeckt werden. Im Garten wachsen die Gemüse daher auf dem Beet meist nebeneinander. Dennoch hält man daran fest, dass etwa Kohl nicht jedes Jahr auf der gleichen Fläche angebaut werden darf. Man wechselt die Beete auch weiterhin. Diese dreiteilige Fruchtfolge erfüllt nämlich nach wie vor »die aus Erfahrung gewonnene Forderung, dass verwandte Gemüsearten frühestens nach drei Jahren wieder auf das gleiche Beet kommen dürfen. Denn sonst treten wie in der Monokultur Bodenkrankheiten, Bodenmüdigkeit und Schädlingsbefall auf«[82], schreiben die beiden versierten Biogarten-Autoren Krafft von Heynitz und Georg Merckens. Wie man sieht, ist das Gemüse also nicht nur in Bezug auf seinen Hunger individuell zu behandeln. Gleichmacherei ist nicht das Mittel der Wahl.

NUTZGÄRTEN MÜSSEN PRAKTISCH ANGELEGT WERDEN

Möhren, Kohl und Zwiebeln sind in Reihen angeordnet. Es gibt nur ein bis zwei Hauptwege, die das Areal unterteilen, der eine in Nord-Süd- und der andere in Ost-West-Richtung. Die Beete zur linken und rechten Seite werden im Winter umgegraben und jedes Jahr neu aufgeteilt. Zwischen den Gemüsereihen liegen schmale Trampelpfade, deren Verlauf sich alljährlich ändert. So in etwa sieht der klassische Nutzgarten aus. An den Seiten und manchmal entlang der Wege wachsen Beerensträucher sowie andere Dauerkulturen wie etwa Rhabarber oder mehrjährige Kräuter. In vielen Bauerngärten werden die Beete noch durch einige Reihen mit Sommerblumen ergänzt, auch dies ein durchaus nützlicher Aspekt. Die Bäuerin stellt daraus Blumensträuße zusammen – für die eigene Wohnung oder auch zum Verkaufen. Der Garten bekommt dadurch ein freundliches Gesicht. Doch die Ästhetik ist eher zufällig. Die Regeln der Schönheit spielen hier keine Rolle – eher die der Fruchtfolge. Der Anbau in Reihen ist schlichtweg praktisch: So können die Beete leicht gehackt und von Unkraut frei gehalten werden.

Die Selbstversorgung war in vergangenen Zeiten nicht auf das Landleben beschränkt. Sie war auch für die Höfe der Adligen von großer Bedeutung. Die Fürsten engagierten eigene Küchengärtner, die neben Köchen und Mundschenken für das leibliche Wohl der adligen Gesellschaft verantwortlich waren.

Unter Louis XIV. diente Jean-Baptiste de La Quintinie am Hof von Versailles. Er bewirtschaftete einen zwölfeinhalb Fußballfelder großen Küchengarten, einen sogenannten Potager, den er zwischen 1678 und 1683 entworfen hatte. »Die allgemeine Aufteilung des Ganzen … ist so konzipiert, dass sie sich klimatisch möglichst günstig auf die Produktion auswirkte. Verschiedene Kulturmethoden und Techniken wurden hier erfunden und perfektioniert, um Frühgemüse und Ernten außerhalb der Saison zu produzieren«[83] , schreibt der Gartenhistoriker Pierre-André Lablaude. Der König konnte zufrieden sein. Im Januar bereicherte der erste frische Salat seine Tafel, im März servierte man schon Erdbeeren und Spargel. Ab Juni folgten Feigen, Melonen und eine ganze Palette süßer Tafelfrüchte.

Der Garten war in große rechteckige Flächen untergliedert, die von Mauern umgeben und durchzogen waren. Sie speicherten die Wärme, hielten den Wind ab und boten den als Spalier gezogenen Obstbäumen Schutz. Andere Gartenteile waren den Frühbeetkästen und Treibhäusern vorbehalten, deren Boden im Frühjahr frischer Pferdemist wärmte. Die Architektur dieser Anlage bestimmten also Mauerwerk, Holz, Glas und geformte Obstbäume. »Louis XIV. widmete seinem Potager ein ganz besonderes Interesse. Er begab sich oft und gerne dorthin und lernte die Kunst des Schneidens und Pfropfens von seinem Gärtner …«[84]

Die Küchengärten von Versailles lagen abseits der prachtvollen Anlagen. Die nützlichen Aspekte standen im Vordergrund. Doch das war nicht immer der Fall. Rund 150 Jahre vor der Selbstherrlichkeit der Barockzeit entstand in Villandry im Tal der Loire, rund 15 Kilometer westlich von Tours, eine außergewöhnliche Renaissanceanlage. Sie wurde zu Beginn des letzten

Jahrhunderts samt Gärten rekonstruiert und ist noch heute zu besichtigen. Die Hauptattraktion des gesamten Ensembles sind die Gemüsebeete. Sie ziehen jährlich mehr als 200.000 Besucher an. Ihre Reize bestehen darin, dass sie nach den Gesetzen von Symmetrie, Proportion und Perspektive entworfen wurden, die für die Baumeister der Renaissance maßgeblich waren. Für den Autor Wolfgang Eisenbarth kennzeichnet diese neue Zeit den »Übergang des reinen Nutzgartens des Mittelalters hin zum architektonisch gestalteten und ästhetisch geformten ›Gesamtkunstwerk‹«. Während die Mönche nur den Nährwert und die Heilwirkung der Pflanzen im Blick hatten, interessierten sich die Menschen der Renaissance für deren Schönheit. Die wurde in Villandry in erster Linie durch Gemüsepflanzen in Szene gesetzt.

Neun Karrees gliedern den quadratischen, etwa 12.500 Quadratmeter großen Nutzgarten. Es sind neun gleich große Quadrate, deren Zentrum jeweils ein Brunnen bildet und die durch niedrige Eichenspaliere sowie Apfel- und Birnenbäumen, von den Hauptwegen abgegrenzt werden. Sie unterscheiden sich jedoch durch das Grundraster, also durch die Verteilung der einzelnen Beete. Diese sind jeweils von Buchshecken gesäumt, zwischen denen Sandwege helle Linien ziehen. Vom Schloss aus erscheint alles wie ein formales Mosaik unterschiedlicher Grüntöne. Die Beete sind mindestens zu drei Vierteln mit Gemüse bepflanzt. Ein stumpfes Violettgrün signalisiert Rotkohl; frisch hellgrün leuchten die Felder mit Stielmangold und der Toskanische Palmkohl wirft graugrüne Schatten. Ein Saum aus Sommerblumen rahmt jedes Karree farbig ein. Zweimal im Jahr wird die Bepflanzung erneuert. Nach dem typischen Frühjahrsgemüse wie Radieschen, Erbsen, Bohnen und Eichblattsalaten folgen im Sommer Mangold, Kürbisse, Tomaten, Karotten, Paprika, Lauch und die verschiedenen Kohlarten. Jedes Jahr entsteht ein neuer Anbauplan, der auch eine sinnvolle Fruchtfolge berücksichtigt.

Doch nicht das Nützliche, sondern die Schönheit steht in den Gemüsegärten von Villandry im Vordergrund – wie kaum an einem anderen Ort weit über die Grenzen Frankreichs hinaus hat dieses Beispiel Schule gemacht. Das lässt sich vor allem feststellen, seit Mitte der 1990er Jahre das Interesse an frischem Gemüse aus dem eigenen Garten wieder steigt. Heide Rau bringt es in ihrem Buch *Der Gourmetgarten* auf den Punkt: »Ob der Garten groß oder klein ist, für Essbares findet sich überall noch Platz, und sei es im Blumenbeet. So manche Schönheit unter den Gemüsepflanzen wie den farbigen Mangold und den attraktiven Palmkohl gibt es zu entdecken. Sie können im Vergleich mit vielen Zierpflanzen durchaus bestehen.« [85]

Es müssen im Beet eben nicht nur Männertreu und Fleißige Lieschen wachsen. Die neuen Nutzgärtner pflanzen Feldsalat statt Feuersalbei und setzen Rauke zu Ringelblumen. Das erfreut Augen und Gaumen zugleich. Salate, Kohl, Mangold und Basilikum sind nicht nur lecker, sondern auch ziemlich dekorativ. Um die Pracht nicht gleich zu zerstören, erntet man zu Saisonbeginn aber nur äußere Blätter. Noch bevor das letzte Blattgrün verbraucht ist, zieht man in Töpfen Nachschub heran, um Lücken in den Beeten gegebenenfalls stopfen zu können. Wilde Rauke und der neue asiatische Salat Mizuna können sogar mehrmals geerntet werden, weil sie nach jedem Schnitt nachwachsen. Auch Beerensträucher finden zunehmend ihren Platz zwischen Rosen.

Die Grenzen im Garten verschieben sich: Gemüse wird zur Zierde angebaut und Blütenblätter als Nahrung geerntet. So können Ringelblumen und Kapuzinerkresse auf einen Salat dekoriert und mitgegessen werden. Für die Nutzpflanzen muss es keine Ordnung mehr im Garten geben, die allein praktischen Erwägungen folgt – sondern immer auch ästhetischen.

OLIVENBÄUME GEDEIHEN NUR IN MEDITERRANEM KLIMA

Die Hügelketten sehen aus wie sanfte Wogen. An ihren Hängen, gekrönt von herrschaftlichen Landhäusern in Ockergelb und Ziegelrot, blitzt das silbrige Grün der Olivenhaine. Zusammen mit den schlanken, hoch aufragenden Zypressen sind sie das prägende Element der Landschaft in der Toskana.

Olivenkulturen sollen ihren Ursprung im östlichen Mittelmeerraum haben. Etwa 600 v. Chr. brachten die Griechen diese »nach Sardinen, Sizilien und dem italienischen Festland. Erst danach erreichten die ersten Olivenbäume Spanien, Frankreich und Portugal«, hat die Biologin Gabriele Lehari in ihrem Buch über Oliven recherchiert.[86] In den Ländern rund um das Mittelmeer befindet sich weltweit das Hauptanbaugebiet für die Ölproduktion dieser Baumfrucht.

Neben der Bedeutung als Wirtschaftsfaktor stehen die knorrigen Bäume für ein bestimmtes Lebensgefühl. Das mediterrane Savoir-vivre blitzt im silbrigen Glanz des Laubs auf. Wenn Gartengestalter damit liebäugeln, ein Stück Toskana in die Mitte Europas zu verpflanzen, suchen sie nach einem Pendant zu diesen Bäumen. Noch immer gilt die Silberblättrige Birne *(Pyrus salicifolia)* als die Olive des Nordens. Der Baum aus den Steppen des Kaukasus ist in unserem Klima völlig frosthart. Gleichzeitig verträgt er Hitze und Trockenheit, was sich schon an seinen Blättern ablesen lässt. Ähnlich wie bei Oliven ist das Laub beiderseits silbergrau behaart, wodurch sich die Verdunstung drastisch reduziert. Im Sonnenlicht geht von der Silberblättrigen Birne auch dieser typisch flirrende Eindruck aus, der aus einiger Entfernung darüber hinwegtäuscht, dass der Baum im Gegensatz zu Oliven eine leicht hängende Krone besitzt.

Britische Gartenarchitekten setzten allerdings zunehmend auf das Original. Vielleicht rechnen sie insgeheim schon mit dem Klimawandel? So plant die Londoner Designerin Harriet Scott, die sich mit dem mediterranen Charme ihrer Produkte und Gartenanlagen in der englischen Hauptstadt einen Namen gemacht hat, seit einigen Jahren echte Olivenbäume in ihre Entwürfe ein – mit Erfolg. Eine Großstadt wie London heizt sich vor allem im Winter noch um einige Grad stärker auf als das Umland. Ist es also möglich, Olivenbäume gar im britischen Königreich zu etablieren?

Auch ist die Insel am Golfstrom bekannt für ihr ausgesprochen mildes Klima, das gegenüber dem Festland eine weitaus reichhaltigere Flora gedeihen lässt. Das Mittelmeer ist allerdings immer noch mehr als 1.000 Kilometer entfernt. Schaut man sich aber die Wärmeströme und die Verteilung der Luftmassen an, ergibt sich für die Lebensbedingungen der Vegetation ein vorteilhafteres Bild, als man meinen sollte. Demnach herrschen in London und Pisa für Pflanzen im Winter annähernd gleiche Bedingungen. Beide Regionen liegen in der Winterhärtezone 9. Dieser Größe liegen die über viele Jahre gemessenen Temperaturen im Winterhalbjahr zugrunde. Daraus ergibt sich eine mittlere jährliche Minimumtemperatur. Für Pisa, London, die Südküste Englands, die Kanalinseln und das italienische Kernland beträgt diese im Schnitt bis minus 6,6 Grad Celsius. Das Gebiet umfasst genau die Zone, in der auch Olivenbäume noch frosthart sind, wie der angesehene Gehölzkundler Andreas Bärtels in seinem Standardwerk *Gartengehölze* darlegt.[87] Werden die Temperaturen unterschritten, kann es jedoch »zu mehr oder weniger großen Schäden an den Gehölzen kommen«[88], schreibt er. Das kam in der Vergangenheit immer wieder vor, aber nicht nur in England, sondern auch in Italien, Spanien und Griechenland. Ein anderer Experte, Wolfgang Kawollek, geht davon aus, dass Frostschäden erst ab zweistelligen Minusgraden auftreten: »Ölbäume (also Olivenbäume, Anm. d. Verf.) sind zwar in der Lage, Fröste bis minus zehn Grad zu überstehen, doch gilt dies allerdings nur für den oberirdischen Teil der Pflanze, der Wurzelballen darf nicht durchfrieren,«[89] so Kawollek.

In der Toskana und in Umbrien kann es im Winter nachts teilweise lausekalt werden, zuweilen blühen am anderen Morgen sogar fantastische Eisblumen an den Fensterscheiben. Das ist aber für Olivenbäume genauso wenig ein Problem wie für Zypressen – vorausgesetzt der Frost dringt nicht tief in den Boden ein. Tagsüber schnellen die Temperaturen ohnehin meist wieder auf über Null Grad hoch.

Das englische Beispiel kann auch deutschen Pflanzenliebhabern Mut machen. Wer es hierzulande mit der Charakterpflanze des Mittelmeeres im Freien versuchen möchte, sollte vor dem Winter um die Pflanze herum den Boden mit Laub abdecken, damit die Wurzeln gut geschützt sind. Ein wenig Glück gehört in den ersten Jahren schon dazu, denn junge Pflanzen sind frostempfindlicher als ältere. Die größte Chance hat man entlang der deutschen Nordseeküste, an den Ufern der Elbe bis nach Hamburg hinein, um Koblenz und Mainz herum sowie in der Bodenseeregion. Dort befinden wir uns in der Winterhärtezone 8 und damit unter gleichen Bedingungen wie große Teile Frankreichs und Norditaliens.

Auf die Pflanzung eines Olivenbaums könnte man sich doch versuchsweise einlassen, oder? Auch der Weinanbau verschiebt sich schließlich mittlerweile immer weiter nach Norden. Auf den britischen Inseln bauen schon 416 Landwirte Wein an.[90] Die Nordseeinsel Sylt bekam 2009 die ersten Weinreben[91] und auf der dänischen Insel Gotland beackert der ehemalige Verleger und Softwarespezialist Lauri Pappinen seit 1997 einen eigenen Weinberg.[92] Warum also sollten nicht in absehbarer Zeit die Bauern im Alten Land bei Hamburg ihre ersten Oliven ernten?

ORCHIDEEN SIND HARMLOSE BLÜTENSCHÖNHEITEN

Auf diese Idee kommt, wer die edlen Gewächse nur als Zimmerpflanze kennt. Dort entzücken sie auf der Fensterbank oder Kommode brav vor allem weibliche Herzen.

Doch in Wirklichkeit sind Orchideen eiskalte Verführerinnen. Jahrmillionen der Evolution haben sie dazu gemacht. Es ist Teil ihres harten Überlebenskampfes in den Tiefen des Dschungels. Aber nicht nur dort. Auch in den Sümpfen Europas, den Küsten rund ums Mittelmeer und in den Höhen der Anden zeigen die Grazien ihr wahres Gesicht. Und dies ist das Spiel der Mimikry, also des Verstellens und Täuschens. Diese Taktik ist so alt wie die Liebe selbst. Denn das Ziel ist immer das Gleiche: Es geht um die eigene Nachkommenschaft und darum, die Art zu erhalten. Zu diesem Zweck narren Orchideen Wespen, Schmetterlinge und Bienen, die glauben, sich mit ihnen paaren zu können. Die blendende Schönheit dient aber eben nur der eigenen Fortpflanzung.

Dennoch spielen die Hormone des Erdwespenmännchens (*Trielis ciliata*) urplötzlich verrückt, wenn es in die Nähe der Spiegel-Orchidee (*Orphrys speculum*) kommt. Wie von Sinnen stürzt sich das Insekt auf die blau schillernde Lippe, den hervorstechendsten Teil der Blüte, weil die mit ihren rostroten Haaren einem Wespenweibchen zum Verwechseln ähnlich sieht. Mit zuckenden Bewegungen klammert der Liebhaber sich fest. Und nie wird er erfahren, dass er dem raffinierten Betrug einer Blüte aufsitzt. Statt eines Liebesaktes vollzieht er einen Liebesdienst. Schwirrt mit Pollenpaketen auf dem Kopf zur nächsten Orchideenblüte, die ihn mit empfangsbereiter Narbe erwartet – und bleibt wieder ohne Befriedigung.

Die Waffen der Verführung im Reich der Orchideen sind vielfältig. Neben der optischen Täuschung senden die Blüten Düfte aus, die den Lockstoffen der Insektenweibchen gleichen. Oder sie benebeln dermaßen die Sinne, dass das Insekt trunken in eine Höhle stürzt, die es beim Verlassen üppig mit Pollen bepudert. In einigen Fällen werden die Liebesdiener zumindest mit Blütennektar belohnt.

Um die Herzen der Menschen zu gewinnen, bedienten sich die Orchideen jedoch einer anderen Taktik. Ihnen näherten sie sich anfangs in ganz unscheinbarer Verkleidung – und auch diesen Trick hätte sich ein Verwandlungskünstler nicht effektvoller ausdenken können. Um 1820 herum erhielt der englische Gärtner William Cattley eine Lieferung exotischer Pflanzen aus Südamerika. Damit die wertvolle Fracht die unruhige Seereise gut überstand, waren die Transportkisten mit Lagen trockener Pflanzenbüschel ausgepolstert worden. Teile des Verpackungsmaterials zeigten allerdings noch Spuren grünen Lebens. Cattley pflanzte die Reste dieser Büschel ein und aus dem unscheinbaren Holz brachen nach einiger Zeit hinreißend schöne Blüten: groß, lavendelfarben, von betörendem Duft. Diese Orchidee heißt nach ihrem Entdecker *Cattleya labiata*. Sie entzündete in jedem Betrachter den Drang, sie zu besitzen. Daraus erwuchsen »Habgier, Neid und Betrug; für die schönsten Pflanzen wurden ganze Vermögen bezahlt«, schreiben die britischen

Orchideenexperten Wilma und Brian Rittershausen.[93]

Zunächst fahndeten Sammler in allen Erdteilen nach neuen Orchideen-Arten. Der Hype um diese Pflanzen löste eine »Revolution im Gartenbau«[94] aus. Spezielle Gewächshäuser wurden gebaut, um die Kultur der tropischen Pflanzen besser in den Griff zu bekommen. Ab Ende des 19. Jahrhunderts sorgten Züchter dafür, dass die exotische Kostbarkeit für einen größeren Kundenkreis erschwinglich und schließlich 100 Jahre später zur Allerweltspflanze wurde. Mehr als 110.000 Orchideenhybriden sind seither gezüchtet worden. Heute erscheinen sie vielen Menschen als unschuldige Zimmerblumen. Dazu wurden sie dressiert. Doch was nicht alle wissen: In jeder von ihnen steckt nach wie vor eine kleine Mata Hari. Die berühmte Spionin des Ersten Weltkriegs, die ihre ranghohen französischen Verehrer im Auftrag des deutschen Nachrichtendiensts aushorchen sollte, beherrschte die perfekte Verstellung, wie eine Orchidee.

PFLANZEN SIND TAUB UND STUMM

Tomaten, die durch Streicheleinheiten und guten Zuspruch fit bleiben, Kräuter, die sich Signale zuraunen, wenn Schädlinge im Anmarsch sind, und Rebstöcke, die nach Beschallung mit klassischer Musik ihre Erträge steigern – was ist los in der Pflanzenwelt? Oder besser, was ist los mit den Naturwissenschaften, die derlei für möglich halten? Die erwähnten Phänomene gehen auf seriöse Beobachtungen zurück, die von verschiedenen wissenschaftlichen Teams genauer unter die Lupe genommen werden. Das kann doch nicht sein! Oder doch?

Bahnt sich da eine Art Liaison zwischen dem Kraut und der Krone der Schöpfung, dem Menschen, an? Zumindest scheint es mittlerweile unzweifelhaft, was schon die US-Amerikaner Peter Tompkins und Christopher Bird vor 30 Jahren in ihrem Buch *Das geheime Leben der Pflanzen* beschrieben: Pflanzen reagieren wie Menschen. Sie haben Gefühle und sogar ein Erinnerungsvermögen, können optische und akustische Eindrücke wahrnehmen und zwischen Harmonien und Dissonanzen unterscheiden.[95]

»Knapp ein Drittel der Deutschen spricht angeblich mit den Wohnzimmergewächsen«, schrieb unlängst der *Spiegel*.[96] Auch das Grün selbst scheint sich angeregt zu unterhalten. »Das ganze Flüstern, Säuseln und Wispern zwischen den Blättern und Stängeln« – für den Ökologen Ian Baldwin, Forscher am Max-Planck-Institut in Jena, sei das eine Art linguistischer Offenbarung, heißt es im Hamburger Magazin weiter. Doch dazu später mehr.

Zu einer linguistischen Offenbarung ganz anderer Natur wurde der Grünwuchs noch vor mehr als 250 Jahren für den Geheimrat Johann Wolfgang von Goethe. Man denke an sein Gedicht *Mailied*: »Wie herrlich leuchtet / mir die Natur! / Wie glänzet die Sonne! / Wie lacht die Flur! / Es dringen Blüten / Aus jedem Zweig / Und tausend Stimmen / Aus dem Gesträuch«. Während der Dichter sich als 20-Jähriger am Hof der Landgräfin Caroline von Hessen-Darmstadt mit natur- und literaturbegeisterten Freunden an schönen Tagen schon einmal nachts im Wald herumtrieb und Bäume umarmte, spiegelt sich die Gefühlswelt seiner Romanfigur Werther in überschwänglicher Naturmetaphorik. In Dichtung und Wahrheit schreibt Goethe später darüber: »Gewiss, es ist keine schönere Gottesverehrung als die, zu der man kein Bild bedarf, die bloß aus dem Wechselgespräch mit der Natur in unserem Busen entspringt«.[97] Wo befindet sich der Dichter wohl gerade? Natürlich an einem Ort, wo solch erhabene Gedanken hinpassen: tief im Wald, »wo die ältesten Eichen und Buchen einen herrlichen großen beschatteten Raum bildeten«, umgeben von dichten Gebüschen, »aus denen bemooste Felsen mächtig und würdig hervorblickten und einem wasserreichen Bach einen raschen Fall verschafften«.[98]

In der Literatur des 18. Jahrhunderts spielten Naturstimmungen häufig eine wichtige Rolle. Ein Zeitgenosse Goethes, der Kieler Professor Christian Cay Lorenz Hirschfeld glaubte an die Faktizität dieser Stimmungen. Darauf baute seine Gartentheorie auf, in der er unter anderem die Gefühle beschreibt, die unterschiedliche Naturszenen hervorrufen können. Die Natur »hat Gegenden, die bald zur lebhaften Freude, bald zur ruhigen Ergötzung, bald zur sanften Melancholie, bald zur Ehrfurcht, Bewunderung und einer feierlichen Erhebung der Seele« einladen,[99] schreibt der Professor und unterstellt gleichzeitig, dass alle Menschen dies gleichermaßen empfinden. So habe eine hügelige Landschaft »mehr Freiheit, Heiterkeit und Anmuth als die Ebene«. Auf ihren Gipfeln gewähre sie »der Seele ein angenehmes Gefühl der Erhebung«. Ganz anders dagegen die Eindrücke im Gebirge: Steilwände, schroffe Abgründe und die Unzugänglichkeit seien fähig, »Erstaunen, Ehrfurcht, Schrecken und Schauder einzuflößen«.[100]

So gewinnt Hirschfeld vier unterschiedliche sinnliche Qualitäten. Erstens, rufen abwechslungsreiche Gegenden mit Hügeln, blühenden Wiesen, Waldstücken und Seen angenehme und heitere Gefühle hervor. Sanftmelancholisch nannte er, zweitens, ein Stück Natur, auf dem Gebüsch und hohe Bäumen die Aussicht versperren und sich stille oder dumpf murmelnde Gewässer auftun. Drittens, zeige sich die Landschaft von ihrer bezaubernden oder romantischen Seite, wo wie in den Bergen Gegensätze aufeinandertreffen, wo zum Beispiel nach einer rauen Wildnis plötzlich ein stilles, blühendes Tal auftauche. Letztlich rufe das Hochgebirge noch stärkere Empfindungen hervor. Diese bezeichnete er mit erhaben und feierlich.

Hirschfeld entwarf mit seiner Theorie Regieanweisungen für den Landschaftsgärtner, dem es dann oblag, die Naturszenen im Kleinen nachzubauen. Die Parkbesucher sollten wie bei einem Theaterbesuch ein Wechselbad der Gefühle erleben.

Die Empfehlungen des Kieler Professors gingen so weit, selbst einzelnen Pflanzen emotionale Attribute zuzuweisen. Dunkellaubige Gehölze wie Schwarzeiche, Eibe und Blutbuche waren für melancholische Szenen gut. Heiterkeit verbreiteten Bäume mit hellem, glänzendem Laub, wie Birken, Hainbuchen, Lorbeerweiden und vor allem Blumen. Auch die Klangfarben des Wassers sollten in Betracht gezogen werden. Ein »helles Rieseln und spielendes Gekräusel verbreitet

Munterkeit; schneller Lauf und hüpfende Fälle Freude. Reißende Geschwindigkeit und schäumendes Fortjagen erregen den Begriff von Stärke«. Fließe es jedoch »unter einer Überschattung langsam dahin, so hat es das Ansehen des Ernstes und des Trübsinns«.[101]

Spricht die Trauerweide demnach zu uns, wenn ihre Zweige wie ein Schleier den Blick versperren? Oder der Apfelbaum, dessen blühende Krone uns im Frühjahr fröhlich stimmt? Oder ist das alles nur eine Frage der Psychologie? In seinem Buch *Für eine ökologische Naturästhetik* ergreift der Philosoph Gernot Böhme rund 200 Jahre später Partei für den Kieler Professor: In Hirschfelds Theorie, so Böhme anerkennend, »wird die Objektivität oder sagen wir Quasiobjektivität von Stimmungen anerkannt, das heißt also die Tatsache, dass beispielsweise die Melancholie eines Abendhimmels nicht die Projektion meines inneren seelischen Zustandes ist, sondern eine Atmosphäre, in die ich hineingeraten kann und durch die ich gestimmt werde.«[102]

Andersherum können Pflanzen offenbar sogar wahrnehmen, was wir von ihnen wollen. Nach Manfred Hoffmanns Beobachtungen bringen Tomatenpflanzen, die mit Liebe behandelt werden, höhere Erträge und sind insgesamt gesünder, als solche, denen man neutral gegenübersteht. Der Professor für landwirtschaftliche Verfahrenstechnik an der FH Weihenstephan hat darüber hinaus eine Reihe von Belegen für sogenannte Biokommunikation gesammelt, also für den »Austausch von Informationen zwischen den verschiedenen Seins-Formen des Lebens, zum Beispiel zwischen Mensch, Tier und Pflanze«, wie er schriebt.[103] So weiß man inzwischen auch, dass kranke oder bedrohte Pflanzen sich untereinander austauschen, um am Leben zu bleiben. Verbürgt ist der toskanische Winzer, der seinen Rebstöcken Mozart, Händel und Tschaikowsky vorspielt und damit qualitativ hochwertigere Trauben erzeugt als seine Nachbarn – ein Phänomen, das nun ein naturwissenschaftliches Institut in Mailand genauer beleuchten will.[104]

Nun endlich zu den bahnbrechenden Entdeckungen der Jenaer Max-Planck-Forscher Ian Baldwin und Wilhelm Boland: Sie haben entdeckt, dass Pflanzen »hören« können, wenn ihre Artgenossen durch Schädlingsbefall in Not geraten.[105] Zur Abwehr verfügt der Grünwuchs über ein ausgeklügeltes System vielseitiger Strategien. Wird etwa der Wilde Tabak von einem Heer saugender Insekten überfallen, was oft nach Buschbränden geschieht, verteidigt er sich zunächst aus Bordmitteln. Er reichert das Nikotin in seinen Blättern bis zu einer hochgiftigen Konzentration an. Gleichzeitig sendet er Duftstoffe an die Umgebung aus. Andere Tabakpflanzen nehmen diese Moleküle wahr und produzieren ebenfalls vermehrt Nikotin. Tauchen allerdings Tabakschwärmer auf, die gegen das Gift immun sind, wird ein alternativer Abwehrstoff produziert, der den gefräßigen Raupen die Verdauung ruiniert. Limabohnen beherrschen noch einen anderen Trick. Sie sondern duftenden Nektar ab, der die Feinde ihrer Plagegeister herbeiruft. Teils funktionieren diese Frühwarnsysteme sogar über Gattungsgrenzen hinweg. So verständigt der Wüstenbeifuß nicht nur seine Artgenossen darüber, dass Schädlinge ihn malträtieren. Auch der benachbarte Wilde Tabak reagiert auf diese Botschaft. »Pflanzen können über Düfte unerhört komplexe Informationen versenden und untereinander austauschen«, bestätigt Wilhelm Boland. Aus den Duftbouquets lässt sich sogar herauslesen, welcher Schädling die Pflanzen verletzt hat und wie stark der Befall ist.

Manchmal reichen dann schon minimale biochemische Veränderungen der Inhaltsstoffe, um einem Angreifer den Appetit zu verderben. Voraussetzung dafür ist die rechtzeitige Warnung. Mittlerweile arbeitet das Forscherteam aus Jena schon daran, die Duftvokabeln, aus denen die Hilfesignale bestehen, zu isolieren. Sie sollen den Landwirten und Gärtnern als biologische Schädlingsbekämpfung nutzbar gemacht werden. Mit Erstaunen mussten sie allerdings feststellen: Durch Züchtung optimierte Kulturpflanzen haben es weitestgehend verlernt, um Hilfe zu rufen. Sie müssen auf die SOS-Signale der wilden Artgenossen zurückgreifen.

PHLOX BRAUCHT FETTE BÖDEN IN VOLLER SONNE

Nach dem Rausch der Rosen reifen die Bohnen und der Kohl bekommt feste Köpfe. Auf den Rabatten beginnt dann die prachtvolle Parade des Sommerphlox (*Phlox paniculata*). Ab Mitte Juli grüßen seine duftenden Blütenpuschel in Rosa, Rot, Violett und Weiß über viele Gartenzäune hinweg. Neben Stockrosen, Dahlien und Astern zählen die langstieligen Staudenschönheiten zum Inventar vieler bäuerlicher Gärten. Maler wie Nolde und Monet haben sich in ihre prachtvollen Farben verliebt, in die Tupfer, Schattierungen und feinen Zeichnungen der Blüten, die aussehen, als hätten Visagisten sie aufgetragen.

Doch dieser Look ist das Werk einiger Generationen von Züchtern. In Schwaben liegt die Wiege der deutschen Phloxzüchtung. Allein der Stuttgarter Wilhelm Pfitzer kreierte um 1900 mehr als 500 Sorten.[106] »Das feuchte, kühle Klima des Voralbraums ist für diese Pflanzen ideal«, sagt Dieter Gaissmayer, der in Illertissen bei Ulm heute eine der größten Phloxsammlungen kultiviert.

Zu dumm nur, dass der Sommerphlox so hohe Ansprüche an den Boden stellt. Vor allem Trockenheit mag er gar nicht. Da reagieren die Pflanzen schnell mit diversen Krankheiten. Aber nicht alle. Staudengärtner Gaissmayer und seine Kollegen sorgen mittlerweile dafür, dass bewährte alte Sorten mit dem robusten, doch ähnlich aussehenden Großblattphlox (*Phlox amplifolia*) gekreuzt werden. Sein Ziel, den bezaubernden Sommerblüher in Zukunft anspruchsloser zu machen, trägt bereits erste Früchte. Die neuen Sorten des Großblattphlox sind die rötlich-violette »Minnehaha« und der rosafarbene »Winnetou« sowie die weiß blühenden »David« und »Weiße Wolke«. Sie kommen gut mit Trockenheit zurecht, vertragen sogar leichten Schatten und können teils mit langen Blütezeiten auftrumpfen.[107]

Beide hoch wachsende Phloxarten, also *Phlox panuculata* und *Phlox amplifolia*, kamen vor knapp 300 Jahren mit einem Schwung wilder Staudenschätze aus Amerika. Dort sind sie in den Prärien des Mittleren Westens heimisch, über die früher regelmäßig Feuer hinwegfegten. Den griechischen Namen *Phlox*, auf Deutsch »Flamme«, hat sich das Steppengewächs jedoch für die brillanten Blütenfarben verdient. Aus der mit Asche gedüngten Erde spross im Handumdrehen neues Leben: neben Phloxen auch Indianernesseln, Purpursonnenhüte, Goldruten, Bartfaden und eine Reihe von Gräsern, die stellenweise von knorrigen Eichen beschattet wurden. Ihnen konnte die Feuersbrunst nichts anhaben, wohl auch, weil die Prärieböden immer ausreichend Feuchtigkeit bieten. Der Großblattphlox hat sich aber auch dort noch immer gut geschlagen, wo die Erde trockener und weniger nährstoffreich, also weniger »fett« war.

DIE FACHGERECHTE PLANUNG EINES GARTENS IST MÜHSAM UND TEUER

Wie wäre es mit einem Extrazimmer? Die Lösung liegt direkt vor der Tür – der eigene Garten nämlich, der sich wunderbar zu einem grünen Salon gestalten lässt. Je besser er strukturiert wird, desto höher ist seine Wohnqualität. Um den Alltag darin schnell hinter sich lassen zu können, sollte die grüne Architektur verschiedene Spielfelder eröffnen. Doch wie stellt man so etwas an? Am besten wäre doch wohl, sich Hilfe bei jemandem zu holen, der vom Fach ist, jemand, der sich mit Pflanzen, Proportionen und Planung auskennt, eben bei einem Gartenarchitekten. Aber sofort melden sich Vorbehalte. Sind die nicht irre teuer? Ist der Planer überhaupt in der Lage, die eigenen Herzenswünsche in die Tat umzusetzen? Die Skepsis gegenüber dieser Zunft ist groß – zu Recht oder zu Unrecht, sei dahingestellt.

Gabriella Pape, Gründerin der Königlichen Gartenakademie in Berlin und selbst eine renommierte Gartenarchitektin, hat sich darüber Gedanken gemacht und ist zu verblüffenden Lösungen gekommen. *Schritt für Schritt zum Traumgarten. Eine Anleitung für die Zusammenarbeit mit dem Gartengestalter* heißt das Büchlein, das ihre Gedanken zusammenfasst. Gleich zu Beginn schreibt sie, es sei wirklich jedem Grundstücksbesitzer gegeben, »sein kleines oder großes Stück Land in einen bezaubernden Garten zu verwandeln, in etwas ungeahnt Schönes, das Leichtigkeit, Sinnlichkeit und Zuversicht ins Leben bringen kann«.[108]

Im Unterschied zu England, wo die in Hamburg geborene Pape 25 Jahre lang lebte und Privatgärten entwarf, hat sie in Deutschland die Erfahrung gemacht, dass die Menschen häufig nicht genau wissen, was sie mit ihrem Garten anfangen wollen. Das sei der größte Hemmschuh für eine fruchtbare Zusammenarbeit mit den Kunden. Deshalb verlangt sie Gartenbesitzern ab, dass sie schon einiges vorbereitet haben, bevor sie sich mit einem Gestalter zusammensetzen.

Vor allem anderen sollte man sich daher als Bauherr oder Bauherrin eine Vorstellung von der Größe des Gartens oder des Grundstücks machen. Eine unbebaute Fläche erscheint zunächst riesig. Erst wenn man diese vermisst, bekommt man ein Gefühl für die wahre

Dimension – und beginnt ganz nebenbei, die eigene Scholle genauer zu erkunden. So fällt der nächste Schritt schon leichter. Es geht darum, sich auf eine Traumreise durch den zukünftigen Garten zu begeben, um herauszufinden, wie er denn nun aussehen soll. Hilfreich sind Urlaubserinnerungen. Fühlt man sich mehr von der Leichtigkeit Italiens angesprochen oder von der gediegenen Tradition Großbritanniens? Sind rustikale Ferien auf dem Bauernhof der Hit oder wird das Ambiente eines Designhotels bevorzugt? Um die Suche nach dem eigenen Stil zu erleichtern, schlägt Gabriella Pape das Storyboard als Hilfsmittel vor: »eine Ansammlung von … Bildern (Fotokopien aus Gartenbüchern oder Seiten aus Garten- oder Lifestylemagazinen), Mustern, Fotos und Artikeln aus Zeitschriften zum Thema Garten«.[109] Auf dieses Storyboard kommt alles, was einem gefällt, aber es werden auch solche Beispiele gesammelt, die man gar nicht mag. Beides hilft dem Planer, sich von den Wünschen und Vorlieben seines Kunden ein Bild zu machen.

Dieser Prozess einer fruchtbaren Zusammenarbeit spart erstens eine Menge Geld und macht zweitens, aber nicht minder wichtig, die Auseinandersetzung mit dem eigenen Garten zu einer lustvollen Beschäftigung. Schließlich kann man sich dann doch entscheiden: Soll der Designer nur den Masterplan machen, weil man sich die Bepflanzung der Flächen mittlerweile selbst zutraut? Oder gibt man die Ausführung besser auch in fremde Hände, etwa an eine Firma des Garten- und Landschaftsbaus? Solche Fragen sind dann aber schon kein Hexenwerk mehr. Nun weiß man schließlich, was man will.

DIE SORTE »BERLINER TIERGARTEN« IST EINE HOCHWERTIGE RASENMISCHUNG

Sattgrün, mit dichter Grasnarbe, frei von Moos, Klee und Löwenzahn – so erträumen sich die Deutschen ihren perfekten Rasen. Und es wurmt sie außerordentlich, dass Engländer das offensichtlich viel besser hinkriegen. Es scheint ihnen im Blut zu liegen wie das Kricket.

Von wegen! Rasenexperten wissen um die wahren Zusammenhänge: Rund 80 Prozent des bei uns gehandelten Saatguts haben schlechte oder gar keine Rasenqualität. Daraus wird nie eine lupenreine Grünfläche sprießen, und schon gar nichts, was einem »englischen Rasen« annähernd ähnlich sieht. Es braucht etwa zwölf Jahre, bis aus rund 10.000 Einzelpflanzen einige neue Zuchtsorten ausgelesen sind. Dieser Aufwand schlägt sich im Preis für das Qualitätssaatgut nieder. Doch eben daran wird meist gespart.

Der »Berliner Tiergarten« ist die am besten bekannte Sorte. Als Peter Joseph Lenné um 1840 das königliche Jagdrevier in Berlin, den sogenannten Tiergarten, zu einem Landschaftspark umgestaltete, ließ er zur Ansaat der Wiesen großflächig Heubodenspreu ausbringen. Der Erfolg war für damalige Verhältnisse so überwältigend, dass der »Berliner Tiergarten« noch immer für eine anspruchsvolle Rasenmischung gehalten wird. Fälschlicherweise.

Noch heute mengen viele Händler unter dieser nicht klar definierten Bezeichnung viel Schrott zusammen.

Häufig wird die Saat mit billigen Futtergräsern gestreckt. Denn was kaum ein Laie weiß: Hinter Begriffen wie Einjähriges Weidelgras, Wiesenschwingel und Welsches Weidelgras verbirgt sich schnellwüchsiges Grünzeug für die Landwirtschaft, das niemals in der Lage ist, bei häufigem tiefen Mähen eine feste Narbe zu bilden. Nur wer richtigen Markenrasen kauft, verteilt hochwertiges Saatgut in seinem Garten. Aber Obacht: Nicht allein das gute Saatgut garantiert einen englisch anmutenden Rasen. Vorausgesetzt, bei der Aussaat wird alles richtig gemacht, damit tatsächlich eine dichte Grasnarbe heranwächst, braucht das heiß ersehnte Grün schlussendlich eine intensive Pflege. Der Konkurrenz aus Unkräutern und Moosen sind die schlanken Halme nur überlegen, wenn sie regelmäßig gedüngt und gemäht werden. Dreimal pro Jahr (April, Juni, September) sollte der Fläche ein Rasenlangzeitdünger und in der Hauptwachstumszeit mindestens wöchentlich eine Rasur verabreicht werden.

Sich mit den Briten messen zu wollen, heißt, das Mähen lieben lernen. Denn das macht den grünen Teppich erst so richtig kräftig. An heißen Tagen wird gewässert und alle ein bis zwei Jahre einmal vertikutiert. Die feinen, vertikal rotierenden Messer eines Vertikutierers fegen abgestorbene Gräser und Moose aus der Narbe. Das bringt Luft an die Wurzeln der Gräser und stimuliert deren Wachstum. Entstandene Lücken werden mit frischer, guter Saat gefüllt. Direkt im Anschluss wird gedüngt.

Schließlich darf man dann ruhig einmal nach England schielen und vergleichen. Alles ist aber nur von Erfolg gekrönt, wenn man bei der Anlage des Rasens nicht auf die Saatmischung »Berliner Tiergarten« gesetzt hat.

RASENSCHNITT GEHÖRT IN DIE TONNE

Rasen ist eine Intensivkultur. Regelmäßig muss der grüne Teppich gedüngt und gemäht werden. Dann wird er stark, um sich gegen die Konkurrenz von Moos und Unkräutern zu behaupten. In der Zeit von April bis Oktober kommen Berge von Rasenschnitt zusammen. Was hat man nicht an Schweiß in diese Schnipsel gesteckt – und Geld. Die Anschaffung des Rasenmähers, die Dünger, die Bewässerung. Jeder ordentliche Kaufmann würde sich die Haare raufen, wenn er den Ertrag aus dem Einsatz seiner Mittel in die Tonne werfen müsste. Was also tun mit diesem »wertvollen« Abfall?

»In jüngster Zeit wird Rasenschnitt immer häufiger als Nährstoff- und Energiequelle entdeckt«[110], schreibt der Agrar-Biologe Martin Bocksch in einem Artikel für die Deutsche Rasengesellschaft. Das klingt doch vielversprechend. Das Schnittgut enthält nämlich neben rund 85 Prozent Wasser in seinen trockenen Bestandteilen drei bis fünf Prozent Stickstoff, ein Prozent Phosphat und zwei bis vier Prozent Kalium. Da macht sich doch der investierte Dünger bezahlt, wenn man den Schnitt gleich wieder auf dem Rasen verteilen könnte. 180 Jahre nach Einführung des ersten Rasenmähers durch den Engländer Edwin Beard Budding bieten heute alle namhaften Hersteller sogenannte Recycling-Mäher an. Der Brite hatte sich das Prinzip seines Spindelmähers aus der Textilindustrie von rotierenden Schermessern abgeguckt, die dort zum Stutzen feiner Wolltuche verwendet wurden.

Die weiten Wiesenflächen der englischen Landschaftsgärten mussten gut in Schuss gehalten werden. Sie waren mit darin wachsenden Baumgruppen wie Landschaftsgemälde komponiert worden. Dieser Eindruck sollte nicht durch unordentliche Grasbüschel gestört werden. Dankbar wurden daher diese Mähmaschinen aufgenommen, die von Pferden gezogen werden konnten, »denen man zur Schonung des Rasens lederne Stiefel überzog«[105], wie die Kuratorin Christa Schnepf in ihrem Beitrag über die Geschichte des Rasenmähers schreibt. Damals schon hinterließ die Eisenwalze der Spindelmäher diese typische Streifen, die zum Symbol des gepflegten englischen Rasens wurden.

Heute nun kommt zur lupenreinen Optik eines Rasens die ausgeklügelte Technik der Mäher hinzu. Durch einen Luftstrom innerhalb des Messerschachtes wird jeder einzelne Grashalm mehrfach herumgewirbelt und zu kleinsten Partikeln zerschnipselt. Diese sinken schließlich wie Staub zwischen die Grashalme. Dort warten bestimmte Mikroorganismen nur darauf, die Nährstoffe wieder den Pflanzenwurzeln zur Verfügung zu stellen. »Bei überwiegender Rückführung des Schnittgutes von ausreichend mit Stickstoff versorgten Rasenflächen, kann eine Düngewirkung von fünf bis zehn Gramm Stickstoff pro Quadratmeter und Jahr auf die jährliche Nährstoffmenge angerechnet werden«[112], bilanziert Martin Bocksch. Das ist doch allemal besser, als den Schnitt über die Müll- oder Biotonne zu entsorgen. Voraussetzung für diese Methode ist allerdings der Besitz eines Recycling-Mähers. Damit muss der Rasen mindestens einmal die Woche geschnitten werden. Sonst sind die Halme zu lang und werden von den rotierenden Messern nicht fein genug zerlegt.

Alternativ kann der Rasenschnitt auch kompostiert werden. Allerdings mischt man ihn am besten mit Holzhäckseln oder trockenem Laub. Anderenfalls läuft er Gefahr, zu verkleben und aufgrund von Sauerstoffmangel zu gären, anstatt ordentlich zu verrotten. Als dünne Schicht von fünf Zentimetern kann das Schnittgut auch um Sträucher und Bäume sowie auf den Beeten verteilt werden. Es hält den Boden feucht und setzt auch dort allmählich die Nährstoffe wieder frei.

RHODODENDREN WACHSEN NUR AUF SAUREN BÖDEN

Wer zur Blütezeit durch Gärten mit alten Rhododendrensträuchern schlendert, fühlt sich wie in eine ferne, exotische Welt versetzt. Die Blüten funkeln wie große Edelsteine und viele der Azaleen, auch sie gehören zu den Rhododendren, verbreiten feine Düfte. Die allermeisten dieser Pflanzen sind durch jahrzehntelange Züchtung entstandene Hybriden, also Sorten, die aus Kreuzungen hervorgegangen sind. Sie lassen sich nicht mehr eindeutig den ursprünglichen Wildarten zuordnen. Dennoch tragen sie noch deren Fingerabdrücke in sich. Die wilden Vorfahren der Edelsträucher stammen vor allem aus West- und Zentralchina. Viele wachsen in den höher gelegenen kühlen Bergwäldern, zum Beispiel im Himalaja, wo häufige Nebel die Luftfeuchtigkeit ansteigen lassen. Deshalb fühlen sich die Sträucher auch im lichten Schatten eines Gartenbeets, etwa unter Bäumen, sehr viel wohler als an einem trockenen Platz in praller Sonne.

An den Naturstandorten regnet es viel. Die dicken Laubschichten, die sich am Grund der Wälder sammeln und dort allmählich zu Humus zerkleinert werden, waschen stark aus. Das feine, kompakte Wurzelwerk der Sträucher hat sich mit den sauren Böden vor Ort arrangiert. Der Säuregrad wird als pH-Wert angegeben. Gewöhnliche Rhododendren mögen es tatsächlich sauer, sie lieben pH-Werte von 4,2 bis 5,5. Zitronensaft hat im Vergleich einen Wert von 2,4, saure Milch von 4,5 und als neutral gilt ein pH-Wert von 7. Alles, was darüber liegt, wird nicht mehr als sauer, sondern als alkalisch bezeichnet.

Ausschlaggebend sind für den pH-Wert eines Bodens die Gesteinsarten und die Höhe der Niederschläge. In Norddeutschland haben die Gletscher der Eiszeit vielerorts sandige oder moorige Böden hinterlassen. Dort finden Rhododendren ideale Standorte, vorausgesetzt, sie werden ausreichend mit Feuchtigkeit versorgt. Je weiter man nach Süden kommt, desto häufiger ist das Ausgangsgestein kalkreich, also alkalisch, wie in der Schwäbischen Alb. Unter solchen Bedingungen gedeihen Rhododendren in der Regel nicht. Ihre Blätter verfärben sich gelb, nur die Adern bleiben darin als dunkelgrüne Linien sichtbar. Die Sträucher kümmern und gehen irgendwann ein.

Die Norddeutschen können sich folglich an der Pracht dieser Pflanzen erfreuen. So ist das Ammerland in Niedersachsen, östlich von Oldenburg, ein Eldorado für Rhododendron. Gesegnet mit Moorflächen und Sümpfen hat die dort stark vertretene Zunft der Baumschulen sich schon vor mehr als 100 Jahren auf diese sogenannten Moorbeetpflanzen spezialisiert. Durchreisenden Südländern, die es nicht lassen können, dort einige Rhododendren zu kaufen und mit nach Hause zu nehmen, wird ein Bodenaustausch im heimischen Garten ans Herz gelegt. Der Katalog der Baumschule Hachmann gibt folgenden Rat: »Dabei wird der vorhandene Boden etwa 30 bis 40 Zentimeter tief für kleinbleibende, schwachwüchsige Rhododendren oder 40 bis 50 Zentimeter tief für stark wüchsige Sorten ausgehoben« und der schwere Lehm- oder Tonboden durch humushaltige Pflanzerde ersetzt.

Diese Mühsal hat nun ein Ende. Züchter und Baumschulgärtner haben ein Einsehen gehabt. Sie gründeten die Interessengemeinschaft Kalktoleranter Rhododendron (INKARHO). Gemeinsam mit dem Institut für Zierpflanzenzüchtung in Ahrensburg, vor den Toren Hamburgs, startete sie vor etwa 20 Jahren ein großes Züchtungsprogramm. Aus Millionen von Sämlingen wurden diejenigen herausgefischt, deren Wurzeln mit höheren pH-Werten zurechtkommen. Knapp zehn Jahre später konnten die ersten Erfolge präsentiert werden. Da die Züchtung nur das Ziel der Bodenverträglichkeit verfolgte, kamen dabei keine nennenswerten

Pflanzenschönheiten heraus. Die Idee war eine andere: Nach dem Vorbild der Rosen sollten Rhododendren veredelt werden. Die neuen Züchtungen liefern nur die kalktolerante Wurzel und ein Stück Stamm als Unterlage für die vielen schon vorhandenen edlen Sorten.

Die veredelten Pflanzen sind mittlerweile mit dem Siegel »INKARHO« auf dem Markt zu bekommen. Sie gelten als robuster und wüchsiger. Doch das Wichtigste ist: Ein pH-Wert um 6,5 stellt für diese neue Generation kein Problem mehr da. Die Böden müssen allerdings nach wie vor sorgfältig vorbereitet werden. Denn sauer oder nicht – locker und humushaltig sollen sie trotzdem sein.

WELKE BLÜTENSTÄNDE AN RHODODENDREN MUSS MAN NICHT AUSBRECHEN

Die Pracht der Rhododendrenblüte ist überwältigend. Manchmal reichen jedoch schon wenige heiße Maitage, dann ist der Farbenzauber im Handumdrehen dahin und die Blütenblätter hängen schlaff herab. Doch die wenigsten werden gleich losziehen und die welken Blütenstände von den Sträuchern pflücken. Sie denken, es sei überflüssig. Azaleen und kleinblütige Rhododendren haben das auch wirklich nicht nötig. Teilweise stoßen sie ihre Blüten selbstständig im Laufe des Sommers ab.

»Für die großblumigen Rhododendren ist das grundfalsch«, sagt der Rhododendrenspezialist Holger Hachmann aus Barmstedt bei Hamburg. Sie würden viel Energie verlieren, wenn man nicht schon während des Verblühens die trockenen Blüten entfernt. Das Gewebe ist dann noch frisch, sodass sich die Blütenstände mit den Fingern durch eine kurze seitliche Drehung der Hand leicht herausbrechen lassen. Vorsicht ist allerdings geboten, damit die Neutriebe und Blütenknospen für das nächste Jahr, die unmittelbar darunter entspringen, nicht in Mitleidenschaft gezogen werden.

Der Grund für diese Aktion ist einfach. Nach der Blüte bilden auch Rhododendren Samen aus. Der Laie bekommt davon in der Regel gar nichts mit, da er um seine Pflanzen herum so gut wie nie frisch sprießende Sämlinge findet. Rhododendren stammen überwiegend aus kühlen, feuchten Bergregionen. Ihre sehr feinen Samen, die etwa im November aus den aufgeplatzten Kapseln rieseln, brauchen daher ein Saatbett, das nicht austrocknet. In den Baumschulen wird die Saat im März im Gewächshaus in Schälchen ausgesät. Bis zur Keimung sechs Wochen später werden diese mit Glasscheiben oder Folie abgedeckt. Es braucht mehrere Jahre, bis die Sämlinge zum ersten Mal blühen.

Den Pflanzen raubt es viel Energie, wenn Samen heranreifen. Die Nährstoffe fehlen dann meist den neuen Blütenknospen. Daher der Rat, die welken Blüten zu entfernen, wenn die Pflanze im folgenden Jahr wieder üppig blühen soll. Ältere Rhododendren hingegen, die mindestens zehn Jahre auf dem Buckel haben, sowie kleinblütige Wildarten können eine Samenbildung besser verkraften. Die dürfen ihre welken Blütenstände dann auch tatsächlich behalten.

KLETTERROSEN BENÖTIGEN EINEN KRÄFTIGEN RÜCKSCHNITT

In der Gartenliteratur liest man es immer wieder: »Öfter blühende Kletterrosen können relativ hart geschnitten werden.« Ein fataler Satz. Er verleitet Gartenlaien wie meinen Nachbarn dazu, die Kletterrose an der Hauswand im Frühjahr auf Hüfthöhe zu kappen. »Wie gefühllos«, klagte prompt seine Ehefrau und zeigte sich das ganze Wochenende zugeknöpft. Solche Missverständnisse könnten vermieden werden. Der Expertenrat müsste lauten: Lassen Sie die Schere in den ersten Jahren ganz von den Kletterrosen weg. Denn ihre schlanken Triebe sollen zunächst nur gelenkt und an Halterungen fixiert werden. Kurz gesagt, es gilt das Motto: Biegen und Binden.

Gartenliebhaber wünschen sich doch Kletterrosen, die später überreich blühen, oder? Und zwar nicht nur hoch oben im Dachüberstand in der Nähe der Regenrinne oder im Scheitelpunkt eines Rosenbogens, sondern über die ganze Breite einer Hauswand. Die Stützen eines Rosenbogens sollen natürlich auch von unten bis oben dicht umhüllt sein. Um das zu erreichen, macht man sich Folgendes klar: Je schneller der Saftstrom innerhalb eines Rosentriebes fließt, desto stärker wird dieser wachsen. Einzelne steil nach oben stehende Triebe gehen also ab wie eine Rakete. In der Biologie heißt diese Gesetzmäßigkeit »Spitzenförderung«. Sie lässt sich mehr oder weniger an jedem Gehölz beobachten.

Da Kletterrosen sehr wüchsig sind, werden ihre Triebe ellenlang, bevor sich erste Blüten bilden. Schneiden hilft in diesem Fall überhaupt nichts. Daher lenkt man die Triebe um. Sie müssen von der Senkrechten möglichst weit in die Waagerechte gebogen werden. So kommt der Saftstrom dort zur Ruhe und damit auch der Wachstumsschub. Dafür wird der Austrieb aus verborgenen Knospen, den sogenannten Augen, angeregt. Nun sprießen auf der ganzen Länge viele neue Blütentriebe, die Kurztriebe. Die langen waagerechten Triebe sind deren Basis und blühen nicht mehr nur an der Spitze. Aber bitte gut festbinden: Sie sollen schließlich ihre Form behalten. Hilfreich sind ein Rankgerüst oder Drahtseile an der Hauswand. Daran werden die langen, noch jungen Triebe nach und nach in Form eines weit gespannten Fächers befestigt – so gut es geht eben waagerecht. Um die Pfosten von Bögen und Pergolen werden die Triebe spiralförmig gelegt.

Noch ein Wort zu den Kurztrieben: Haben diese geblüht, werden daraus allmählich lange Ruten. Kein Wunder, denn sie stehen senkrecht und werden nun gepuscht. Auch diese sollte man wieder in die Waagerechte biegen. Eine Hauswand bietet dafür viel Platz, den es zu füllen gilt. So werden die Triebe einer Kletterrose geschickt verteilt – bis man dann irgendwann doch eine Schere braucht, denn die Kurztriebe sollen ja kurz bleiben. Es reicht aber, diese im Frühjahr etwa bis auf die Länge einer Handspanne zurückzuschneiden.

Bis hierher ging es um öfter blühende Kletterrosen. Bei den Sorten, die nur einmal im Jahr blühen, verhält es sich etwas anders. Während Erstere an jungen, einjährigen Trieben treiben, bilden die Einmalblühenden ihre Blütenknospen für das folgende Jahr überwiegend an den Trieben, die unmittelbar nach der Blüte heranwachsen. Falls diese Rosen überhaupt einem Schnitt unterzogen werden sollen, wäre unmittelbar nach der Blüte, also Anfang Juli, der beste Zeitpunkt dafür. Andernfalls würde man viel Blütenholz vernichten. Im Grunde jedoch müssen diese Rosen ebenso wenig geschnitten werden wie öfter blühende Sorten. Ihre Triebe sind noch dünner und weicher. So lassen sie sich noch besser in eine möglichst waagerechte Position bringen. Das gilt besonders für jene Sorten, die man in England *rambler* (engl. = Wanderer) nennt. Diese Rosen wollen sich frei entwickeln. Also, Hände weg vom Radikalschnitt!

ROSEN BRAUCHEN DEN GANZEN SOMMER ÜBER DÜNGER

Alle Edel-, Beet- und die meisten Strauch- und Kletterrosen sind auf Leistung getrimmt wie Spitzensportler. Sie blühen mit wenigen Unterbrechungen den ganzen Sommer über. Das kostet immens viel Kraft. Wie für viele Sportler ist daher auch für diese Rosen eine gute, ausgewogene Ernährung wichtig. Fehlen Nährstoffe, kränkeln die Pflanzen und werden anfälliger gegenüber Schädlingen. So weit, so gut. Allerdings: Bei übermäßiger oder falscher Ernährung droht ihnen ein ähnliches Schicksal. Man muss das rechte Augenmaß behalten.

Gute Gärtner sorgen zunächst für eine gedeihliche Grundlage. Im Herbst oder Frühjahr werden organische Dünger wie verrotteter Stallmist oder Kompost um die Pflanzen herum verteilt. Sie stellen den Grundbedarf sicher und stimulieren das mikrobielle Leben im Boden. Als spezielle Kraftnahrung dienen dann Volldünger, in denen die nötigen Hauptnährstoffe Stickstoff, Phosphor und Kalium in ausreichenden Mengen verfügbar sind. Meistens enthalten sie zusätzlich Magnesium und einige Spurenelemente. Der Volldünger wird in zwei Gaben verabreicht: zu Beginn der Wachstumszeit im März/April und nach der Hauptblüte der Rosen Ende Juni/Anfang Juli. Danach ist Schluss mit Düngen!

Danach nämlich sind die stickstoffhaltigen Düngemittel Gift für die Rosen. Stickstoff regt das Wachstum der Pflanzen an. Die relativ empfindlichen Rosentriebe sollen nun aber allmählich ausreifen, damit sie den Winter ohne Frostschäden überstehen. Stickstoff bewirkt genau das Gegenteil. Das Gewebe bleibt weich und wasserhaltig. So führen die ersten Minusgrade dann geradewegs zu Erfrierungen. In den Zellen bilden sich Eiskristalle, die Membranen platzen und die grüne, chlorophyllhaltige Rinde verbräunt. Ganze Triebe können im folgenden Jahr absterben.

In allen Gehölzen läuft im Herbst ein Programm ab, das sie auf die kalte Jahreszeit vorbereitet. Die Tage werden kühler und kürzer. Dadurch lässt das Wachstum nach. Bei Temperaturen unter 5 Grad Celsius stellt sich der Stoffwechsel um. Der Wassergehalt in den Zellen nimmt ab, Salze und Kohlenhydrate reichern sich an. Sie wirken im Pflanzengewebe wie ein Frostschutzmittel. Im Sommer wären die Gehölze gegenüber tiefen Temperaturen machtlos. Schon bei geringen Graden unter Null würden sie erfrieren. Jetzt können die Zellen Minusgrade ertragen, ohne dass sich Eis bildet – wenn wir ihnen nicht mit gut gemeinten Düngungen zur völlig falschen Zeit in die Quere kommen. Damit die Signale aus der Natur ihre Wirkung entfalten, gilt für alle Gehölze: Ab August keine Stickstoffdüngung mehr.

Öfter blühende Rosen sind in dieser Hinsicht besonders empfindlich. Ihre Urahnen kamen mit der Ostindischen Tee-Kompanie aus China. Dort waren sie ein mildes Klima gewohnt. Frost behagte ihnen daher noch nie so recht, obgleich ihnen die Züchtung diese Zimperlichkeit erfolgreich abgewöhnt hat. Und dennoch: Um sie sicher gegen mitteleuropäische Winter zu wappnen, hilft nur ein kleiner Trick: Die Düngung frühzeitig, schon im Juli, einstellen!

Alte Rosensorten sind robuster als moderne

Dieser Trugschluss gehört in die Kategorie »Früher war alles besser«. Der Gedanke wird bekanntermaßen nicht wahrer, je häufiger man ihn wiederholt. Der Irrglauben entspringt einer Zeit, in der die historischen Rosen bei uns eine Renaissance erlebten. Nicolaus Neumann schrieb Mitte der Neunzigerjahre im Wochenmagazin *stern*: »Moderne Rosen sind unter Kennern ›out‹. Sie riechen nicht, haben schreckliche Farben und hässliche spitze Blätter.«[113]

Der Run auf die Rosen-Oldies setzte in Deutschland Ende der Achtziger ein. Maßgeblich ausgelöst hat ihn die Journalistin und leidenschaftliche Gärtnerin Gerda Nissen aus Meldorf in Schleswig-Holstein. Sie wurde im Juni 1975 durch eine Wolke würzigen Duftes auf einen verwilderten Rosenstrauch aufmerksam. Dieser streckte seine porzellanrosa Blüten unter dem Maschendrahtzaun eines bäuerlichen Anwesens hindurch. Mit »Belle Isis«, dieser bezaubernden, mehr als 130 Jahre alten Gallica-Rose, begann für sie eine Karriere als Rosendetektivin. In den nächsten zehn Jahren durchkämmte sie systematisch Teile Schleswig-Holsteins. »Gärten an Bauernhöfen, Katen und Handwerkerhäusern, Viehställen und aufgegebenen Hofstellen in der Feldmark, Friedhöfe in Dörfern und Kleinstädten – nichts wurde ausgelassen«, schreibt Nissen über die spannende Suche in ihrem Büchlein *Alte Rosen*.[114] Ihre Fundstücke sind für sie lebende Antiquitäten. Die Kostbarkeiten erhielten einen Platz am Landesmuseum Meldorf, wo sie schnell zum Publikumsmagneten avancierten.

Es kann heute noch überall passieren, dass man einen Rosenstrauch findet, der mehr als hundert Jahre alt ist: in verwilderten Gärten und Parks, auf Friedhöfen und in der Nähe von Schlössern. Ist das nicht der Beweis? Machen diese betagten Ladies nicht untrüglich deutlich, dass sie äußerst robust und nicht umzubringen sind? Welche von den modernen Zimperliesen kann denn da mithalten? Zur Beantwortung der Frage müsste zweierlei geklärt werden: Was versteht man unter »alt«, und was heißt denn überhaupt »robust«? Die erste Frage lässt sich leicht beantworten. Die Experten sind übereingekommen, alle Züchtungen, die aus Teerosen entstanden sind, für modern zu erklären. Mit »La France«, die Jean-Baptiste Guillot 1867 unter einigen Sämlingen in seiner Rosenschule im französischen Lyon fand[115], beginnt die neue Zeitrechnung. Diese sogenannten Teehybriden eroberten schnell den Markt, denn sie waren fähig, mehrmals im Jahr zu blühen. Zusammen mit Multiflora- und China-Rosen gelangten die Teerosen um 1800 durch Reisende aus fernöstlichen Gärten nach Europa. Diese drei Urahnen vieler moderner Rosen waren zwar noch frostempfindlich, doch sie beeindruckten durch ungewohnte Farben, nämlich durch klares Rot und reines Gelb. Und sie brachten die Fähigkeit mit, in einer Saison mehrfach hintereinander Blüten zu treiben. Die ältesten drei Rosenklassen Gallica-, Alba- und Damaszener-Rosen blühten dagegen nur einmal. Sie schmückten schon seit Hunderten von Jahren die Gärten und lieferten die Essenzen für Rosenwasser und Rosenöl. Zufälligen

Kreuzungen in der Natur verdanken wir zum Ende des 16. Jahrhunderts zwei weitere Klassen: die Zentifolien und die Moosrosen.

Mit den Neuankömmlingen aus Fernost kam dann Bewegung ins Sortiment. Als diese alten Rosendamen mit den jungen Grazien gekreuzt wurden, verfünffachte sich innerhalb von knapp 20 Jahren die Zahl der Rosensorten. So hatte Kaiserin Josephine, die Gattin Napoleons, in ihrem Schlossgarten schon etwa 250 Sorten zusammengetragen – eine Sammlung, die damals wohl alle wichtigen Rosen vereinigte. Nach ihrem Tod 1814 bis zum Beginn der Ära moderner Rosen 1867 wurden nochmals annähernd 6.000 neue Sorten gezüchtet. Viele von denen existieren heute nicht mehr – noch nicht einmal in der hintersten Reihe einer Dornröschenhecke. Ihnen fehlte schlicht die nötige Widerstandskraft. Diejenigen aber, die sich haben behaupten können, sind auch nicht alle von der rüstigen Gesundheit, die wünschenswert wäre und in vielen Rosenschulen zum Maßstab erhoben wurde. Da hat sich in den letzten 20 Jahren viel verändert.

Für Rosensorten, die nach dem Zweiten Weltkrieg gezüchtet wurden, sah die Welt zunächst noch ganz anders aus. Etwa für »Lilli Marleen«. Sie war der Star der Sechzigerjahre. Kaum ein Garten, in dem nicht ihre samtig-roten Blüten schimmerten. Sie war ein Traum zu gelb geklinkerten Flachdachbungalows, wurde auf vielen Gartenschauen ausgezeichnet und gehörte zum Alltag wie Farah-Diba-Frisuren, knielange Röcke und der VW-Käfer. Der Baumschule W. Kordes‹ Söhne bescherte sie einen Verkaufserfolg. Vier Millionen Rosen verkaufte der Familienbetrieb aus dem schleswig-holsteinischen Sparrieshoop, 30 Kilometer nordwestlich von Hamburg, damals jährlich. Ein nicht geringer Teil ging auf das Konto von »Lilli Marleen«. Sie war der Inbegriff blumiger Schönheit: gleichmäßig gewachsen, mit locker gefüllten, schalenförmigen Blüten – eben so wie eine moderne Rose auszusehen hatte.

Das waren goldene Zeiten für Rosenzüchter. Zeiten allerdings, in denen für Liebhaber der kapriziösen Geschöpfe das wöchentliche Spritzen zur Routine gehörte. Vor allem gegen Sternrußtau, einen Blattpilz, der die Gewächse kläglich ohne Laub dastehen lässt. So wurden sie schon auf den Feldern der Züchter regelmäßig gedopt. Ohne die permanente Benebelung durch Chemie hätten sie damals nie ihre Makellosigkeit erreicht.

Doch in den öko-bewegten Achtzigern wollte keiner mehr mit der Giftspritze durch den Garten laufen. Die Absatzzahlen für Rosen sackten um die Hälfte. Schnell wurde den Züchtern klar; sie mussten sich von der Abhängigkeit des Pflanzenschutzes freimachen, um den Imageverlust der Rosen zu stoppen. Den Vorreiter machte die kleine Rosenschule Noack in Gütersloh, die großen wie Kordes und Tantau folgten. Von nun an war das Spritzen auf allen Zuchtflächen verboten. In den ersten Jahren raffte das Generationen hoffnungsvoller Neuzüchtungen dahin; von ihnen steckten nur noch die nackten Stängel in den Reihen ohne jedes Blatt. Komplette Feldbestände, die aussahen, als hätte es reine Säure geregnet, waren reif für den Schredder. Dazwischen verharrten einzelne grüne Pflanzen – das Ausgangsmaterial für die Zukunft.

»Wir haben anfangs wieder Wildrosen eingekreuzt«, erinnert sich Thomas Proll, Züchtungsleiter bei Kordes. Gut zehn Jahre dauert die Kreation einer neuen Rosensorte. Von zunächst rund 60.000 Blüten, die bestäubt werden, werden schließlich die zehn besten Kreuzungen zu neuen Sorten aufgebaut. Nur die Hälfte davon gelangt in den Handel. Denn ihnen steht noch ein Härtetest bevor: die Allgemeine Deutsche Rosenneuheitenprüfung, kurz ADR. Während drei Jahren Bewährungsprobe an verschiedenen Orten konkurrieren die Neuzüchtungen in- und ausländischer Züchter um das Jahrgangs-Prädikat, die Schönste und Robusteste zu sein. Von den rund 100 Rosen-Neuheiten, die jedes Jahr zu diesem Wettbewerb antreten, erhalten erfahrungsgemäß etwa zehn Sorten das begehrte Siegel ADR-Rose. Das sind die Härtesten, gegen jede Attacke von Pilzsporen gewappnet. Nur noch wenige der schönen alten Rosen werden gegen die Jungspunde mithalten können.

KRANKE ROSEN WERDEN DURCH PFLANZENSCHUTZMITTEL WIEDER GESUND

Nach dem Austrieb im Mai sehen alle Rosen makellos aus. Doch innerhalb weniger Wochen können Flecken an den grünen Blättern das Bild trüben. Es sind Pilzsporen, die dort ihre Spuren hinterlassen, denen man für gewöhnlich mit Pflanzenschutzmitteln zu Leibe rückt. Doch vergeblich! Das kranke Laub lässt sich nicht wieder heilen. Es ist nicht wie bei den Menschen, die durch Einnahme von Antibiotika eine heftige Erkältung wieder loswerden.

Sternrußtau gehört zu den häufigsten Erkrankungen an Rosen. Dieser Pilz richtet den größten Schaden an. Die Infektion beginnt mit Flecken auf den Blättern, die wie Tintenspritzer aussehen. Allmählich vergilbt das Laub und fällt ab. Die Pflanzen kompensieren das, indem sie erneut austreiben. Das kostet Kraft und hat meist eine schlechte Winterhärte zur Folge, weil die Neutriebe nicht mehr vernünftig ausreifen.

Der Pilz überwintert auf dem alten, am Boden liegenden Laub. Von dort geht im Frühjahr die Ansteckung aus. Aufgewirbelte Sporen treffen zuerst die bodennahen Blätter der Rosen. Ist das Wetter regnerisch und kühl, bleiben diese kleben und treiben ihre Keimschläuche ins Gewebe. In dem Augenblick ist der Befall für das Blatt schon irreversibel. Es bleibt geschädigt und fällt dann meist auch ab. Die im Handel angebotenen Spritzmittel können eine Infektion zwar manchmal stoppen. In erster Linie aber verhindern sie nur das Übergreifen der Krankheit auf andere Teile der Pflanze. Die Wirkung hält ungefähr zwei Wochen lang an. Dann muss erneut gespritzt werden. Nur ein permanenter Schutzschirm kann eine erneute Infektion gesunder Blätter abwehren. Empfohlen wird, die Mittel zu wechseln, »um der Bildung von Resistenzen beim Schaderreger vorzubeugen«,[116] wie das Expertengespann Peter Kiermeier und Thomas Proll in ihrem Buch über Rosen empfehlen.

Alle anderen Blattkrankheiten lassen sich durch Spritzmittel ebenso schlecht in den Griff bekommen.

Ob Mehltau, Rosenrost oder Ringfleckenkrankheit – Rosen werden von ihnen nur verschont, wenn Pestizide schon vorbeugend angewendet und dann in regelmäßigen Abständen wieder versprüht werden.

Einige Rosen sind allerdings von Natur aus gegen Pilzsporen gewappnet. So sind Sorten mit einer verdickten Blatthaut unempfindlicher. Zudem gibt es Pflanzen, die bestimmte Stoffe mobilisieren und Infektionsstellen abschotten können. Das funktioniert ähnlich wie beim menschlichen Immunsystem. Der Stoffwechsel der Rose reagiert, sobald eine Pilzspore identifiziert wird. Manchmal sind am Blatt noch nicht einmal Befallssymptome zu sehen.

Auf solche Pflanzen setzen die Züchter, wenn neue Sorten kreiert werden sollen. Sie sind darauf aus, die natürlichen Abwehrkräfte der Rosen zu stärken. Daher sind viele moderne Züchtungen den älteren überlegen. Eine gute Hilfe bei der Auswahl robuster Sorten ist das ADR-Prädikat. Es wird nur Rosen verliehen, die sich in einer dreijährigen Prüfung von ihrer besten Seite zeigen. Wer auf diese Sorten setzt, kann sich den Einsatz von Pflanzenschutzmittel gegen Blattpilze ohnehin sparen.

ROST AN DEN PFLANZEN IST DIE FOLGE EISENHALTIGEN WASSERS

Eisenhaltiges Wasser hinterlässt Flecken auf den Blättern von Pflanzen, das ist unbestritten. Mit diesem Problem haben vor allem Baumschulen zu kämpfen, wenn deren Grundwasser viel Eisen enthält und sie ihre Bewässerung aus eigenen Brunnen speisen. Mit der richtigen Technik durch Filter und Sauerstoffzufuhr können die Betriebe das Problem jedoch gut in den Griff bekommen.

Den echten Pflanzenrost wird man leider nicht so schnell los. Dabei handelt es sich um eine Krankheit, die nicht von eisenhaltigem Wasser, sondern von Pilzsporen hervorgerufen wird. Sie überziehen die Blätter mit rostroten Pusteln. Daher rührt auch der Name »Rostpilz«. Der Birnengitterrost ist unter Hobbygärtnern der wohl bekannteste. Man erkennt ihn an den roten Flecken auf der Oberseite der Birnenblätter. Unterseits haften im Spätsommer dann braune, höckerartige Gebilde – die Sporenlager, über die sich der Pilz weiter verbreitet. Allerdings werden damit keine weiteren Birnenbäume infiziert, sondern diverse Wacholderarten.

Das ist die Besonderheit der Rostpilze: Sie brauchen zum Überleben meist zwei verschiedene Pflanzen, die beide als Wirt bezeichnet werden. So nistet sich der Birnengitterrost den Winter über an den Zweigen von Zierwacholder ein. Im April treten an dessen Rinde hellbraune, schleimige Pusteln hervor. Die Sporen, die von dort ausschwirren, treffen das junge Laub der Birnenbäume.

Dieser Kreislauf setzt sich immer fort, es sei denn, man unterbricht ihn. Dazu beseitigt man im Umkreis von mindestens einem Kilometer um die betroffenen Birnenbäume herum alle Wacholderbüsche. Dann ist Ruhe. Da der Pilz im Hausgarten keinen großen Schaden anrichtet, ist es allerdings fraglich, ob sich dieser Aufwand lohnt. Immerhin sind aufgrund der fleckigen Blätter die Pflanzen etwas geschwächt, und demzufolge fällt die Ernte nicht mehr ganz so üppig aus.

Viel schlimmer trifft es das Getreide der Bauern. Biblische Hungersnöte können durchaus die Folge starken Pilzbefalls gewesen sein. Der Pflanzenschutzexperte Thomas Lohrer schreibt: »In den fünf Büchern Moses finden sich deutliche Hinweise zu Rostpilzen im Getreide.«[117] Die Römer opferten aus Furcht vor dem Rost sogar einer Gottheit namens Robigus. Den Bauern im Mittelalter fiel schon auf, dass in unmittelbarer Nähe von Sauerdorn (*Berberis vulgaris*) das Getreide besonders stark von Rost betroffen war. Das veranlasste sie, die Sträucher in der Nachbarschaft ihrer Felder zu roden. Der deutsche Arzt und Botaniker Anton de Bary konnte Mitte des 19. Jahrhunderts den Zusammenhang zwischen Getreiderost und dem Sauerdorn wissenschaftlich nachweisen und den Wirtswechsel belegen.

Nicht jeder Rostpilz wechselt jedoch seinen Wirt. An Rosen, Malven, Nelken und Pfefferminze ist der Pilz nur auf diese eine Pflanzenart beschränkt. Das macht ihn leider nicht harmloser. Im Gegenteil: Insbesondere Rosen können im Laufe des Sommers ihr ganzes Laub einbüßen. Sieht man dann die roten Pusteln auf den Blättern, weiß man wenigstens, dass »Rost« der Übeltäter war.

Es wird auch behauptet, ein Rostpilz habe die Engländer dazu gebracht, statt Kaffee Tee zu trinken. Ceylon (das heutige Sri Lanka) zählt inzwischen zu einem der größten Teeanbauländer. Vor etwa 150 Jahren kultivierte das Land noch Unmengen an Kaffeepflanzen. Dieser Anbau kam vollständig zum Erliegen, nachdem der Kaffeerost immer stärker um sich griff, gegen den damals noch kein Kraut gewachsen war. Ein junger Schotte namens James Taylor hatte dann die Idee, die Kaffeepflanzen durch Tee zu ersetzen. »Die damaligen Kolonialherren von Ceylon, das englische Königreich, passten sich übrigens den veränderten Anbaubedingungen an und wurden von den einstigen Kaffeetrinkern zu den heute in aller Welt bekannten Teetrinkern«[118], schreibt Thomas Lohrer.

ROTE BETE IST IMMER ROT

Alain Passard ist Koch. Aber nicht irgendeiner: Passard steht ganz oben im Olymp der Weißmützen. Sein Restaurant Apèrge im noblen Pariser Invalidenviertel am linken Seine-Ufer bekam vom *Guide Michelin* schon 1996 drei Sterne verliehen. Mit drei Sternen ist man nicht mehr bloß Koch, sondern Besessener, Pedant, Grenzgänger, Zauberer – mit einem Wort: Künstler. Auf den 53-jährigen Passard, der zweimal in Japan beim Iron-Chef, einer Art World Championship seiner Zunft antrat, trifft das noch eher zu als auf andere. Vor acht Jahren hatte er keine Lust mehr auf Fleisch. »Es hat mich nicht mehr inspiriert«, sagt der große Bretone mit den neugierigen blauen Augen. Er wandte sich den Genüssen des Gartens zu. Ihn faszinierte nicht nur das feine Aroma, sondern ebenso die Farben von Gemüsesorten und essbaren Blüten. Von nun an kreierte der Franzose nicht nur vorzügliche Gerichte, sondern kleine Gemälde auf den Tellern. Sein Credo: »Das Kochen nach Farben eröffnet Geschmacksräume.«

Keine Frage, das Rot der Roten Bete steht auf der Farbpalette von Passard ganz oben. Ihr intensiv dunkler Ton sieht aus, als wäre eine Prise Mutterboden hineingemischt, wie auch in den leicht erdigen Geschmack dieses Gemüses. Es ist eine Farbe, rau, erhaben und expressiv wie ein Orgelton. Doch Passard, der Seismograf geschmacklicher Nuancen, liebt nicht nur starke Effekte, sondern vor allem auch die Zwischentöne.

Er wollte aus der gesamte Palette des Gemüsesortiments schöpfen. Diese Vielfalt gab es nirgends auf dem Markt zu kaufen. Deshalb investierte er in ein Landgut bei Le Mans im Tal der Sarthe und ließ sein Gemüse von eigenen Gärtnern heranziehen. Er fahndete nach vergessenen Schätzen und ließ deren aromatische Tauglichkeit von seinen Köchen testen. Dutzende alter Tomatensorten fanden so den Weg zurück in die Küche – und eben auch einige Varianten der Roten Bete, die alles andere als rot waren.

Überraschenderweise wuchsen diese gar nicht alle im gewöhnlichen Burgundrot. Passards Sinne als malender Koch waren begeistert: Etwa von der alten französischen Sorte »Crapaudine«, deren lange spitze Rübe im Querschnitt rot-weiß geringelt ist. Mit einem milden Geschmack überrascht »Burpees Golden«, eine Sorte mit gelbem Fruchtfleisch. Für die rote Farbe und den kräftigen Geschmack sind Betalaine verantwortlich, stickstoffhaltige aromatische Verbindungen. Das Gelbpigment hingegen ist frei von Stickstoff.[119] Passard entdeckte sogar eine weiße Form der Roten Bete, die in Indien zum Beispiel alltäglich ist. Gehandelt wird in unseren Breiten die Sorte »Albina Vereduna«, deren Fruchtfleisch ausgesprochen süß schmeckt. Solche alten Sorten sind in Deutschland heute wieder bei Spezialanbietern, etwa der Firma Dreschflegel aus Witzenhausen, im Angebot.[120]

Botanisch heißen Rote Bete, auch die mit gelbem und weißem Fruchtfleisch, *Beta vulgaris var. rapacea* (*rapaceus* lat. = rübenartig). Sie sind eng mit Mangold, Futterrübe und Zuckerrübe verwandt. Urahn der vier ist die Wilde Bete (*Beta vulgaris*), die sich vom östlichen Mittelmeer bis zur Nord- und Ostsee hin ausgebreitet hat. Dort wächst sie auf sandigen und steinigen Stränden, teils sogar im Tidebereich. Blätter und Wurzel schmecken angenehm erfrischend, aber nicht salzig.[121] In Vorderasien und im Orient kommt die Wilde Bete auch in Steppen- und Wüstengebieten vor. Ihre langen Pfahlwurzeln bringen die Pflanzen gut durch Trockenzeiten. Unter den wild wachsenden Arten finden sich schon alle drei Farbvarianten, also weiße, rote und gelbe Formen. Der Gartenbauwissenschaftler Josef Becker-Dillingen schreibt daher: »Die Pflanze bildet eines der schönsten Beispiele, was durch Auslese und bewusste Züchtung aus einer Wildform gemacht werden kann.«[122] Doch in seinem Standardwerk *Handbuch des gesamten Gemüsebaues* führt auch er nur Sorten mit rotem Fruchtfleisch auf, etwa die noch heute weit verbreitete Sorte »Rote Kugel«. Sie wurde schon 1821 von dem bekannten französischen Gartenbauexperten Philippe André de Vilmorin in den Handel gebracht. Dass noch andersfarbige Rote Bete existieren, hat vor einem halben Jahrhundert offensichtlich noch niemanden interessiert.

SCHATTENRASEN SORGT AUCH UNTER BÄUMEN NOCH FÜR DICHTE GRASNARBEN

Eine Antwort auf die Frage, was man gegen Moos im Rasen tun kann, lautet häufig: »Schattenrasen säen«. Ganz offensichtlich werden vor allem unter Bäumen, wo wenig Sonnenlicht hingelangt, die Rasengräser spärlich. An ihrer Stelle machen sich Moospolster breit. Schattenrasen jedoch, so wird gesagt, halte dagegen und bildet selbst bei Lichtmangel noch dichte, grüne Flächen. Wer sich im Gartenmarkt umschaut, findet von annähernd jeder Saatgutfirma eine entsprechende Rasenmischung, die vorgibt, bestens für solche Problemstandorte präpariert zu sein.

Leider ist dem nicht so. Die meisten Gräser brauchen volle Sonne, um sich prächtig zu entwickeln. Die wenigen, die auch mit Schatten zurechtkommen, sind oft für Rasenflächen ungeeignet. Dennoch tauchen sie in den Mischungen auf wie die Hainrispe (*Poa nemoralis*), die ein regelmäßiges Mähen nicht verträgt, oder die Gemeine Rispe (*Poa trivialis*), die aufgrund ihrer stark kriechenden Triebe keine ansehnliche Grasnarbe bildet. Die Jährige Rispe (*Poa annua*) ist höchstens ein Lückenfüller, der andernorts als Unkraut problematisch werden kann, und der Rotschwingel (*Festuca rubra*) verträgt nur sehr bedingt Schatten. Neben diesem Grünwuchs finden sich meist auch die gängigen Rasengräser in diesen Schattenmischungen wie das Deutsche Weidelgras (*Lolium prenne*) und die Wiesenrispe (*Poa pratensis*), die nun wirklich auf Sonnenlicht gepolt sind.

»Zeig mir deinen Schattenrasen und ich sage dir, ob er etwas taugt« – das Spiel lässt sich leicht spielen, wenn man sich die Angaben auf den Saatgutverpackungen anschaut, zu denen jeder Hersteller verpflichtet ist. In dem vorhergehenden Absatz sind all die Arten aufgeführt, die genau genommen den Zweck nicht erfüllen, im Schatten eine dichte, geschlossene Grasnarbe zu bilden. Das kann nämlich nur eine einzige Grasart, die Lägerrispe (*Poa supina*). Doch dieses Supergras wird meist eingespart, weil das Saatgut davon fast zwanzigmal so teuer ist wie dasjenige der anderen Gräser. »Nur rund zehn Prozent aller auf dem Markt angebotenen Schattenrasenmischungen enthalten die Lägerrispe«, so die vorsichtige Schätzung des angesehenen Rasenexperten Dr. Harald Nonn. Leicht lässt sich jedoch feststellen, ob das Gras beigemengt wurde: Es steht natürlich auch auf der Verpackung und es lässt den Preis des Produkts in die Höhe schnellen.

Dennoch ist das feine Saatgut der Lägerrispe nur zu höchstens fünf Prozent Bestandteil der Mischungen. Das hat mit der überragenden Konkurrenzkraft dieser hellgrünen Grasbüschel zu tun. Sie breiten sich schnell aus und gewinnen in Rasenflächen schon nach etwa zwei Jahren die Oberhand. Voraussetzung dafür ist eine gute Pflege. Dazu gehören regelmäßiges Düngen und rechtzeitiges Wässern in Trockenzeiten. Anderenfalls hat die Lägerrispe einen schweren Stand. Dafür brilliert sie bei optimaler Versorgung selbst unter dicht belaubten Baumkronen noch mit sattem Grün. In Versuchen, die Dr. Harald Nonn für die Deutsche Rasengesellschaft durchführte, hat sie sich im Schatten von Walnussbäumen noch gut behaupten können, wo Lichtstärken von 270 Lux gemessen wurden.[123] Unter Nadelbäumen aber versagt auch eine *Poa supina*. Dort ist der Schatten zu tief und der Boden zu trocken. Daher verzichtet man an solchen extremen Standorten besser ganz auf Rasen und pflanzt Bodendecker wie den rosa blühenden Sibirischen Portulak (*Montia sibirica*), der sich unter hohen Fichten bewährt hat.

Ohne Frage gehört die Lägerrispe in jede Schattenrasenmischung, die ihren Namen verdient. Um sich gegen Moos durchsetzen zu können, soll das Gras nicht kürzer als vier Zentimeter geschnitten werden. Dann machen die Pflanzen über die Blattoberfläche eine größere Lichtausbeute. Sie bleiben vital und sorgen tatsächlich für dichte Grasnarben.

EIN SCHNEEGLÖCKCHEN GLEICHT DEM ANDEREN

Mal sind sie Einzelkämpfer gegen die Tristesse des Winters, mal treten sie in Horden auf. Aber da sie so zart und klein sind und darum immer etwas verloren wirken, werden Schneeglöckchen meist freundlich belächelt – was soll man den niedlichen Dingern schon zutrauen. Glücklich kann sich schätzen, bei wem sich die Vorfrühlingsblüher im Garten angesiedelt haben und sich mit ihren weißen Blütenperlen alljährlich ab Januar tausendfach zu einem mächtigen Teppich ausbreiten. Denn das ist mitunter schwierig, weil die Knollen, die im Herbst angeboten werden, oft schon vertrocknet sind. Die Zwiebeln werden besser im Frühjahr nach der Blüte verpflanzt. Ein leicht schattiger Standort unter Laubbäumen ist ideal. Verbreitet ist das heimische Schneeglöckchen *Galanthus nivalis* – und von denen sieht doch eines wie das andere aus, oder?

Ihrem zarten Charme nähert man sich am besten demutsvoll – indem man sich tief zu ihnen herabbeugt, wie es die Briten gerne tun. In England grassiert schon seit Jahren ein richtiger Hype um diese reizenden Pflänzchen. Regelmäßig im Spätwinter trifft sich die Upperclass auf einem der vornehmen britischen Landgüter zu legendären »Snowdrop Partys«. Die Nase stilvoll dicht am Boden delektieren sich die Herrschaften an den schrillsten Sorten. Erst aus dieser Perspektive offenbart sich nämlich, dass fast jedes Schneeglöckchen ein eigenes Muster ziert. Sie sind eben nicht nur weiß. Es gibt sie getupft, gepunktet und mit farbigen Kappen.

Sie sehen aus, als wären sie von Miniaturmalern angepinselt worden, manchmal mit originellen Motiven wie bei der Sorte »Scissors« und »Narrengesicht«. Etwa 700 verschiedene Sorten des winzigen Frühblühers sind mittlerweile im Umlauf. Viele stammen vom heimischen Schneeglöckchen ab. Doch dank der Sammelleidenschaft sind viele neue Arten hinzugekommen.

Solche Raritäten werden natürlich nur stückweise gehandelt. So ist eine haselnussgroße Knolle der Sorte »South Hayes«, die ein lupenreines Ausrufezeichen auf den äußeren Blütenblättern trägt, gut und gerne 30 Pfund (etwa 40 Euro) wert. Noch seltenere Knollen sollen sogar für ein Vielfaches den Besitzer gewechselt haben.

Für das gleiche Geld versorgt man den eigenen Garten üppig mit Zwiebeln des einfachen Schneeglöckchens *Galanthus nivalis*. Und mit Glück findet man dort auch bald eine reizvolle Variante von Sammlerqualität. Denn die »Schneeglöckchensehnsucht«[124]hat inzwischen auch weite Teile des kontinentalen Europas erfasst. Voraussetzung für solch einen Glücksfund ist natürlich immer: ein Kniefall und das genaue Betrachten der vermeintlich weißen Blütenhäuptchen.

SELLERIE MUSS MIT KOCHSALZ GEDÜNGT WERDEN

Wie soll man sich das bitte vorstellen? Bekommt die Sellerieknolle, ähnlich wie das Frühstücksei, eine Prise aus dem Salzstreuer? Oder muss man im Supermarkt das Regal mit Salzpackungen räumen, um diese später über den Reihen mit Sellerie zu entleeren? Entlarven wir den Irrtum also schon qua gesundem Menschenverstand als solchen und wenden uns dem nächsten zu? Aber woher kommt dann diese komische Idee überhaupt? In der Bibel des Gemüsebaus, dem Handbuch von Josef Becker-Dillingen aus dem Jahre 1956, heißt es doch tatsächlich: »Im allgemeinen hat man zu beachten, daß Sellerie ein ausgesprochenes Salzbedürfnis hat … Die alte Lehre, daß Sellerie Kochsalz (NaCl) liebe, hat etwas für sich.«[125] Soso. Vielleicht erklärt das ja, warum Kinder immer ihre Mundwinkel verzerren, wenn ihnen ein Stück Sellerie auf die Zunge gerät.

Gehen wir der Sache auf den Grund. Botanisch heißt der Knollensellerie *Apium graveolens*, was so viel wie »der Wohlriechende« bedeutet. Das hat die Kräuterkundler im Mittelalter veranlasst, ihn in die Abteilung der Arzneipflanzen zu stecken. Seine bitter-aromatischen Blätter dienten als harntreibendes und blutreinigendes Mittel. Wurzel und Früchten wurde sogar eine erotisierende Wirkung zugeschrieben. Erst im 17. Jahrhundert nutzte man die Pflanze vorwiegend als Gemüse, zuerst als Schnittsellerie. Bald darauf züchteten italienische Gärtner den Bleich- und Knollensellerie. Bis dahin hatte man vor allem die eher zierlichen Wildformen angebaut.

Wilder Sellerie gedeiht prächtig in Meeresnähe an Flussufern mit Strandsimse und Schilf. Sogar unmittelbar auf den Salzwiesen finden sich Bestände zwischen Meerstrand-Wegerich, Bottenbinse und Meerstrand-Aster. Doch bleiben die Pflanzen dort aufgrund der höheren Salzkonzentration kleiner, wie Udelgard Körber-Grohne beobachtet hat.[126] Eine Stadt, die im Jahre 628 v. Chr. auf Sizilien gegründet wurde, hieß Selinunt, übersetzt »Selleriestadt«. Sie lag an der Mündung des Flusses Selinus an der Südküste der Insel. Das Gelände dort war sumpfig und salzhaltig – eben ein idealer Standort für wilden Sellerie.[127]

Die Kulturform des Selleries hat sich also etwas von dieser Salzvorliebe erhalten. In den Anbauempfehlungen für Gärtner wird er als salzverträglich und chlorbedürftig bezeichnet. Doch hantieren Gärtner natürlich nicht mit Kochsalz, also Natriumchlorid. Zur Festigung des Gewebes brauchen Pflanzen vielmehr Kalium. Dieser Nährstoff wird von der Natur ebenfalls in Salzform angeboten. Zu dessen Gewinnung werden kalihaltige Gesteine, die vor Jahrmillionen durch eingetrocknetes Meerwasser entstanden sind, abgebaut und zermahlen. Zurück bleibt Kaliumchlorid. Davon möchte Sellerie eine große Portion auf seinem Menüplan haben. Er mag es durchaus gesalzen, aber eben nicht mit Kochsalz.

STIEFMÜTTERCHEN
SIND ALLERWELTSBLUMEN

Ab Mitte Februar bekommt man sie fast an jeder Ecke: Stiefmütterchen in Spankörben, in knisternden Multiplatten aus Plastik, einzelne Jungpflanzen mit Erdballen aus der Holzkiste oder direkt vom Feld. Fast alle tragen gelbe Blüten mit einigen schwarzen Pinselstrichen. Sie haben immer etwas Katzenhaftes an sich.

Betrachtet man die Frühlingsblume genauer, scheint sie einen anzuschauen. So ausdrucksstark ist kaum ein anderes Blumengesicht. Weil die feinen Zeichnungen geradezu mimisch wirken, gab der Volksmund den Blumen früher sprechende Namen: Engelliebele, Denkblümchen, Mädchenauge oder Fratzengesicht. Hängen geblieben ist schließlich der Begriff Stiefmütterchen, der zu Beginn des Dreißigjährigen Krieges geprägt wurde. Man dachte an die hartherzige Frau im Märchen, die ihre eigenen Kinder gegenüber den fremden bevorteilt, und sah das symbolisiert durch das Zentrum, um das sich Farben und Formen auffallend schön und reich verziert gruppieren. Der Blütenrand dagegen erscheint sträflich vernachlässigt, eben lieblos und stiefmütterlich behandelt.

Das wilde Stiefmütterchen wächst seit Urzeiten als eher unscheinbares Kraut auf dem Acker, auf Magerwiesen und Dünen. Die Blüten sind kaum zwei Zentimeter groß. Erst Generationen von Züchtern haben es zu einer der beliebtesten Frühlingsblumen im Garten gemacht. Sein botanischer Name *Viola tricolor* verweist auf die Verwandtschaft mit den Veilchen. Anders als jene hat es in seinen Genen das volle Spektrum der Primärfarben zu bieten. Neben Blau trägt es darum auch rote und gelbe Pigmente in den Blüten. Daraus mischen sich alle weiteren Farben. Jede Liaison führt zu neuen, frisch geschminkten Blütengesichtern. Mal leuchtet das Rouge verführerisch, mal sind die Lidschatten melancholisch dunkel, die Wimpernstriche theatralisch lang. Diese Vielfalt bestach und stachelte die Züchter zu gezielten Auslesen an.

In England erfand man eigens Wettbewerbe, auf denen die Blüten miteinander konkurrierten. Auf ein kreisrundes Stück Papier gespannt, nahmen Preisrichter sie in Augenschein und verteilten Noten für gleichmäßigen Wuchs und reine Farbgebung. Um die Jahrhundertwende entstanden auf dem Kontinent in der Gärtnerei Roggli in Hilterfingen am Thuner See die Schweizer Riesen, die bis heute für ihre intensiven Farben und großen Blüten berühmt sind.

Lange folgten die Züchter dem Diktat der Größe und konzentrierten sich vorrangig auf Blütenüppigkeit. Zehn Zentimeter Blütendurchmesser wurden locker erreicht.

Neuerdings stiehlt ein Zwerg den großen Exotinnen die Schau: das Hornveilchen. Es wurde mit der veredelten Ackerblume gekreuzt. So entstanden Schönheiten, die als Ministiefmütterchen gehandelt werden. Zuweilen kommen diese in modischem Outfit daher, etwa in Schwarzviolett, eine für das Blumenreich höchst ungewöhnliche Farbe. Von wegen Allerweltsblume!

STRÄUCHER MÜSSEN ZUM ENDE DES JAHRES GESCHNITTEN WERDEN, DAMIT SIE WIEDER BLÜHEN

Die Saison nähert sich im Herbst dem Ende. Die Pflanzen haben ihr Pulver verschossen, haben kräftig geblüht, pralle Früchte angesetzt und bereiten sich nun auf die Winterruhe vor. Das gibt dem Gärtner die Möglichkeit, alles wieder ordentlich herzurichten. Es muss doch die biologische Uhr für die nächste Saison neu gestellt werden, so seine Gedanken. Dazu gehört für ihn auch ein ordentlicher Schnitt für alle Sträucher bis zum Jahresende.

Schön, wenn es so einfach wäre. Die Natur hat sich jedoch eigene Regeln ausgedacht, die nicht immer unserer menschlichen Logik folgen und dennoch Plausibilität besitzen. So hält sich die Natur gewöhnlich durchaus an feste Abfolgen. Dabei spielt der effektive Einsatz der Kräfte eine entscheidende Rolle. Zuerst geht es den Sträuchern um die Entfaltung der Blüten. Das ist einer, wenn nicht der Höhepunkt des Jahres. Alles muss perfekt aussehen, damit viele Insekten darauf aufmerksam werden und die Blüten reichlich bestäuben. Allmählich reifen die Früchte heran. Schon dann richtet sich das Interesse darauf, auch im nächsten Jahr wieder gut auszuschauen. Also wird parallel Energie mobilisiert, um neue Blütenknospen zu bilden bzw. die bestehenden zu regenerieren.

Der Gärtner lernt daraus: Der Zeitpunkt des Schneidens hängt von der Blütezeit des Zierstrauchs ab.

Sträucher, die im Frühjahr blühen, müssen demnach nach der Blüte geschnitten werden. Die Zweige der im Sommer blühenden Arten dagegen bleiben dran. Sie werden erst im nächsten Frühjahr gekappt.

Zu den Sommerblühern gehören zum Beispiel Schmetterlingsstrauch, Blauraute, Sommerspiersträucher, Bartblume, Fingerstrauch und Besenheide. Sie schaffen es offensichtlich nicht mehr, den neuen Blütenschmuck noch im gleichen Jahr in Knospen zu verpacken, sondern geben die Aufgabe an die nächste Generation junger Triebe weiter. Im Frühjahr kürzt man daher deren altes Holz auf die gewünschte Höhe. Erst der frische Austrieb trägt dann Blütenknospen. Auch die meisten Rosen fallen in diese Gruppe, zum Beispiel alle Edel- und Beetrosen.

Sträucher, die im Frühjahr blühen, tragen die Blütenknospen dagegen schon aus dem Vorjahr bei sich. Ein Rückschnitt vor der Blüte würde sie ihres Schmuckes berauben. Daher wartet man mit dem Schneiden, bis sie verblüht sind. Zu dieser Gruppe gehören Forsythien, Felsenbirnen, Zier-Johannisbeeren, die frühen Spiersträucher und die noch im Mai und Juni blühenden Pfeifensträucher, Deutzien, Weigelien und Kolkwitzien.

Von dieser Regel gibt es nur wenige Ausnahmen. Dazu zählen Sträucher, die man weitestgehend sich selbst überlassen sollte. Dies sind stämmige Arten wie Magnolie, Fächerahorn, Blumenhartriegel, Zieräpfel und Zierkirschen. Sie entwickeln sich aus einigen kräftigen Trieben und verjüngen sich nicht aus der Wurzelbasis. Hier werden nur hin und wieder trockene oder schmächtige Zweige herausgenommen.

Außerdem spielen die Hortensien eine Sonderrolle. Alle in unseren Breiten bekannten Arten blühen während des Sommers. Dennoch werden sie unterschiedlich beschnitten (siehe Seite 79ff.).

Gärtner sollten es also halten wie die Sträucher selbst: Den Farbenreichtum des Herbstes genießen und sich schließlich auf die Winterruhe einstellen.

VON TOMATEN KANN MAN ALS LAIE KEIN BRAUCHBARES SAATGUT GEWINNEN

Tomaten lieben die Wärme. In den sonnenverwöhnten Ecken Europas wie Spanien und Italien erhalten sie ihr volles Aroma. Oder sie kommen aus Holland. Früher nannte man diese Früchte Turbo-Tomaten, die augenscheinlich mit Nährlösungen und unter künstlicher Beleuchtung in wenigen Wochen hochgepäppelt wurden. Das Ergebnis: fade schmeckende Früchte mit zäher Haut.

Die Zeiten haben sich geändert – zumindest sind die Sorten heute aromatischer. Nun schmecken die Industrietomaten, egal woher sie stammen, alle sonnenverwöhnt. Geblieben aber ist die Skepsis gegenüber der industriellen Produktion, gegenüber Nährlösungen, Kunstlicht und dem laschen Umgang mit Pflanzenschutzmitteln.

Also geht der Trend zur Eigenzucht. Dafür bietet sich ein geschützter Platz in Südlage an, zum Beispiel an der Hauswand oder auch auf dem Balkon. Das hat noch den Vorteil, dass man sich die Sorten aussuchen kann. Dazu muss man allerdings genau wissen, was man will. Der Fachhandel preist nämlich auch den Laien gegenüber die vielen hochgezüchteten Profi-Hybridsorten an. Doch diese haben einen entscheidenden Nachteil. Man kann kein eigenes Saatgut davon gewinnen. Das ist mittlerweile fest in den Köpfen der meisten Gartenlaien verankert. Kaum einer kommt auf die Idee, Tomatensamen selbst zu ernten und im Folgejahr wieder auszusäen.

Die meisten Profi-Sorten, nicht nur bei Tomaten, sind heutzutage sogenannte F1-Hybriden – häufig ist das allerdings noch nicht einmal mehr auf den Saatguttütchen vermerkt. F1 heißt die erste Generation, wenn zwei Elternpflanzen miteinander gekreuzt wurden. Für sie kann man ziemlich genau vorhersagen, wie die Nachkommen aussehen werden. Ein häufig verwendetes Beispiel verdeutlicht das: Kreuzt man eine rote und eine weiße Petunie, tragen die Kinder der ersten Generation alle rosa Blüten, vorausgesetzt, kein Elternteil war dominant. Nach diesem Prinzip arbeitet die Hybridzüchtung. Sie schafft durch wiederholte Inzucht zwei Linien optimierter Ausgangspflanzen.

Alle guten Eigenschaften dieser Elternteile werden in die nächste Generation überführt, weshalb diese genetisch besser dasteht als die Eltern. Auch F1-Hybriden sind sehr einheitlich. Ihr Saatgut aber ist unbrauchbar, denn sie können die guten Eigenschaften nicht an ihre Kinder weitergeben. Die F2-Generation spaltet wieder auf, wie es fachlich heißt. In ihr kommt die gesamte genetische Vielfalt der Großeltern ans Licht. »Der Züchter einer Hybridsorte muss daher für den Saatgutmarkt ständig neues Hybridsaatgut aus der Kreuzung von zwei Elternlinien herstellen«[128], so Hermann Kuckuck, ehemals Professor für Pflanzenzüchtung an der Technischen Universität Hannover. Diese Exklusivität ist beabsichtigt, denn sie schützt das geistige Eigentum der Züchter moderner Sorten. Andererseits entsteht eine Abhängigkeit, wenn gute alte Sorten Gefahr laufen, vom Markt gedrängt zu werden. Das ist eine botanische Verarmung, der man entgegenwirken sollte. Frühere Zuchtmethoden hatten nämlich vor allem das Ziel, einheitliche, beständige Sorten hervorzubringen, die ihre guten Eigenschaften an die Nachkommen weiterreichen. Wer will, kann davon Saatgut ernten, sofern die Sorten keinem Sortenschutz unterliegen.

Für den Erhalt der alten Sorten und gegen eine Monopolisierung des Saatgutmarktes wurde 1986 der »VEN – Verein zur Erhaltung der Nutzpflanzenvielfalt e.V.« gegründet.[129] Ein Teil der Mitglieder trägt die Ziele aktiv mit, indem alte Gemüsesorten kultiviert und zur Samenreife gebracht werden. Das Thema Tomate hat dort in jüngster Vergangenheit eine große Rolle gespielt. Der Verein gibt auch Sortenempfehlungen und vermittelt den Bezug von Saatgut.[130]

Aber auch die Gartencenter bieten zum Teil noch alte Sorten, die von den Markenfirmen wieder in ihre Sortimente aufgenommen werden, etwa die robuste Stabtomate »Tigarella« oder die Wildtomate »Golden Current«.

Wie kommt man nun aber an deren Samen heran? Vorweg: Tomaten befruchten sich überwiegend selbst. Um allerdings sicherzustellen, dass nicht eine Hummel mit fremden Pollen in die Reinheit der nächsten Generation hineinpfuscht, sollten unterschiedliche Sorten mit mindestens zehn Meter Abstand voneinander aufgestellt werden. Hat man mehrere Pflanzen einer Sorte, sollten die Samen immer von der Pflanze stammen, die am besten und gesündesten aussieht. Von ihr nimmt man die Früchte der untersten beiden Fruchtstände ab. Es ist wichtig, dass diese vollreif und gut entwickelt sind.

Für die weitere Vorgehensweise gibt das *Handbuch der Samengärtnerei* eine knappe Anleitung: »Die Früchte aufschneiden und mit einem Löffel die Samen und das Fruchtfleisch in ein Marmeladenglas geben, oder die Früchte ausquetschen; etwas Wasser und eine Messerspitze Zucker zugeben.«[131] Der Zucker setzt einen Gärungsprozess in Gang, der das Fruchtfleisch von den Samen löst. Meist ist dies nach ein bis zwei Tagen geschehen. Das ist nötig, um eine keimhemmende Substanz abzustreifen, die dafür sorgt, dass die Samen nicht schon in der Frucht sprießen. »Die Keimschutzschicht ist auch dann abgebaut, wenn die Samen zu Boden sinken und das Fruchtfleisch sich im oberen Teil des Glases sammelt.«[132] Auch eine Fingerprobe hilft weiter. Der Samen soll sich nicht mehr glitschig, sondern rau anfühlen. Schließlich werden die hellen Saatkörner auf einem kleinen Teller an einem warmen Ort (wärmer als 20° C) mindestens zwei Tage lang getrocknet. In eine Tüte gefüllt und beschriftet (nicht vergessen!), sind sie das Startkapital für die Tomatenernte des folgenden Jahres.

TORF VERBESSERT SANDBÖDEN

Keine Frage, Sandböden sind für Gärtner nicht gerade der Traumuntergrund für eine prosperierende Pflanzenkultur. Es sei denn, ihr Herz schlägt für Heide- oder Dünengewächse. Von Natur aus sind solche Böden arm an Nährstoffen. Das wohl noch größere Problem: Sie trocknen extrem schnell aus. Da liegt es nahe, dem Sand ein Material unterzumischen, das die Feuchtigkeit gut festhält, wie etwa Torf. Dieser kann wie ein Schwamm ein Vielfaches seines Eigengewichts an Wasser aufnehmen – und er gibt es leicht wieder ab, sodass Pflanzen damit ihren Durst stillen können. Alternativ wird häufig Blumenerde säckeweise auf sandigen Böden verteilt und untergegraben. Da hier ebenfalls Torf meist der Hauptbestandteil ist, erzielt man damit eine ähnliche Wirkung. Was spricht also dagegen?

Schauen wir uns den Torf genauer an. Die für den Gärtner besten Torfformen entstehen in Hochmooren, also in Mooren, die allmählich über das normale Bodenniveau hinauswachsen und sich schließlich zu mächtigen Hügeln aufwölben. Das kann nur unter ganz bestimmten Bedingungen geschehen. Zunächst »muss mehr Niederschlag fallen als Wasser versickern kann, d.h. die Wasserbilanz muss positiv sein«[133], wie Annette Bucher im *Infodienst der Staatlichen Forschungsanstalt für Gartenbau Weihenstephan* schreibt. Unter diesen Bedingungen entsteht ein extrem saures Milieu, das nur von speziellen Pflanzen ertragen wird, zum Beispiel den Torfmoosen (*Sphagnum ssp.*). Sie wachsen langsam, sehr langsam, aus dem feuchten Morast heraus. Für die Strecke von einem Meter benötigen sie etwa 1000 Jahre. Dabei bilden sie keine Wurzeln aus, sondern nur schlaffe, rippenlose grüne Blätter, die an der Oberfläche dümpeln. Die unteren Etagen der Moose, die von jeglicher Sauerstoffzufuhr abgeschnitten sind, sterben ab und »vertorfen«, wie man sagt. »Lebende Torfmoose haben die Fähigkeit, das 15- bis 30-fache ihres Trockensubstanzgewichtes an Wasser zu speichern. Selbst abgestorbenes Sphagnum kann als Torf noch das 4- bis 14-fache seines Trockensubstanzgewichtes an Wasser speichern.«[134]

Die Moore müssen trockengelegt werden, wenn der Torf für den Gärtner nutzbar gemacht werden soll. Dann erhält man ein faseriges Material. Dasjenige aus den jungen, oberen Schichten des Moores besteht aus hellen, groben Fusseln (»Weißtorf«). Die unteren Schichten bestehen dagegen aus dunklen, stark zersetzten, staubähnlichen Flusen (»Schwarztorf«).

Wird naturbelassener Torf in ein Beet eingearbeitet, macht es den Boden sauer. Das mögen die meisten Pflanzen nicht, mit Ausnahme etwa der Rhododendren. Das Problem lässt sich vermeiden, wenn man Blumenerde oder mit Kalk gedüngten Torf verwendet.

Viel schwerer wiegt die Eigenschaft des Torfs, dass er sich nur sehr schwer wieder mit Wasser vollsaugt, wenn er einmal richtig trocken geworden ist. Das vor allem macht ihn für sandige, von Trockenheit geplagte Böden ungeeignet. Nach einiger Zeit liegen nämlich dessen Fusseln wie Staub zwischen den Sandkörnern. Der Torf ist nutzlos geworden, nimmt kein Wasser mehr auf und verbindet sich auch nicht mit den Bodenpartikeln. Dafür wären Tonminerale wichtig, die in

Verbindung mit Humus – und Torf ist fast Humus pur – sogenannte Ton-Humus-Komplexe bilden, die das Bodengefüge verkleben und so nachhaltig optimieren. In Sandböden ist aber so gut wie kein Ton vorhanden. Diesen hinzuzufügen hieße, den Boden wirklich zu verbessern. Ton bietet der Gartenfachhandel in Form von Bentonit, einem Tonmineral, in Tüten verpackt an. Will man zusätzlich den Humusgehalt des Bodens anheben, braucht es aber gar keinen Torf: Kompost ist die bessere Wahl gegenüber dem nur begrenzt verfügbaren und daher wertvollen Rohstoff Torf.

TULPENZWIEBELN MÜSSEN NACH DER BLÜTE AUS DEM BODEN GENOMMEN WERDEN

Früher war es üblich, Tulpenzwiebeln im Herbst in Plastikschalen zu packen und mit diesen zusammen im Boden zu versenken. Nach der Blüte der Knollen und dem Abtrocknen der Blätter ließen sich die Nester im Juni relativ leicht wieder aus der Erde nehmen. Warum aber trieb man den Aufwand überhaupt? Nicht einmal Frans Roozen vom Internationalen Blumenzwiebelzentrum im niederländischen Hillegom hat darauf eine eindeutige Antwort: Da früher die Tulpen solo auf ein Beet gepflanzt wurden, wollte man wohl »nach der Blüte nicht wochenlang auf die eintrocknenden Blätter schauen«.

Im Garten meiner Schwiegereltern hatte diese Prozedur tatsächlich einen praktischen Nutzen. Den Platz der Tulpen übernahmen im Frühsommer Dahlien und Sommerblumen. Sie überzogen die Beete bis zum Herbst mit ihren Blütenfarben. Stauden spielten dort keine große Rolle. Diese mehrjährigen Kräuter schließen üblicherweise die Lücken, die Tulpen und andere Zwiebelblumen nach der Blüte hinterlassen. Außerdem kaschieren sie deren trockenes Laub.

Vielfach wurde angenommen, mit dem Herausnehmen der Zwiebeln unmittelbar nach der Blüte könnte man deren Lebensdauer verlängern. Doch das ist ein Trugschluss. In Holland werden die Knollen erst Anfang Juli geerntet. Dann haben sie sich mit Nährstoffen vollgesogen, bis das Laub zuletzt fahl und trocken geworden ist. Anschließend werden die Zwiebeln bei mehr als 20 Grad getrocknet. Damit ahmt man ein wenig die klimatischen Bedingungen an den Naturstandorten in den Steppen Westasiens nach. Die Wärme fördert die Entwicklung des jungen Embryos.

Im Garten bleiben die Tulpen jedoch im Boden. Anders als Narzissen und Hyazinthen blühen sie im Folgejahr nicht noch einmal wieder aus der gleichen Knolle. Diese zerfällt in eine große und mehrere kleine Tochterzwiebeln. Damit dieser Nachwuchs kräftig und blühfähig wird, braucht er eine gute Portion an Nährstoffen. Hierfür empfehlen die Holländer einen organischen Volldünger, zum Beispiel getrockneten Kuhmist, im Frühjahr zu verabreichen, wenn das erste Zwiebelgrün sprießt. Diese Nahrung soll den Pflanzen unmittelbar nach der Blüte zur Verfügung stehen. Die welken Blüten müssen gekappt werden, damit sie nicht unnötigerweise Energie zur Bildung der Samen abziehen. Die Blätter und der Stiel jedoch bleiben stehen. Sie sind die Sonnenkollektoren der Pflanze, die den Stoffwechsel in Gang halten. Nach der Blüte sammeln alle Blumenzwiebeln neue Energie für das nächste Jahr. Sie mästen ihre fleischigen Schalen mit Zuckerverbindungen und Proteinen, bevor sie sich ganz in den Boden zurückziehen.

Die meisten Tulpen bringt man so dazu, sich gut zu regenerieren und in den Folgejahren wieder zu blühen. Nach mehrjährigen Versuchen haben die Holländer darüber hinaus Sorten gefunden, die sich leicht verwildern lassen, sich also an einem Ort einnisten und selbstständig vermehren. Neben vielen Wildarten gehören die Triumphtulpen »Don Quichotte« (rosa), »Negrita« (rot) und »Yokohama« (gelb) dazu, ebenso die gefüllt weiß blühende »Mount Tacoma«, die lilienblütige »White Triumphator«, die spät blühenden Sorten »Maureen« (weiß), »Menton« (pfirsichfarben) und »Shirley« (weiß mit violettem Rand) sowie die Darwintulpen »Ad Rem« (orange), »Golden Apeldoorn« (gelb) und »Parade« (rot).

Ein richtiger Standort ist ebenfalls wichtig, wenn man von den Tulpen viele Jahre lang etwas haben möchte. Die Pflanzen lieben Sonne und einen durchlässigen Boden, in dem das Wasser leicht versickert. Man sollte die Zwiebeln nicht tiefer als zehn Zentimeter pflanzen, damit sie von der sommerlichen Wärme profitieren können. Für eine optimale Nährstoffversorgung des Bodens sollte dieser nicht nur im Frühling, sondern auch schon im Herbst mit Kompost oder gut abgelagertem Mist versorgt werden. Nach solchen Vorbereitungen werden sich die Zwiebeln im Boden so richtig wohlfühlen, sodass sie gar nicht mehr herausgeklaubt werden wollen.

ES GIBT KEINEN TÜV FÜR PFLANZEN

Wer lässt sich nicht von ihnen zum Kauf animieren: von den eckigen Siegeln mit dem roten Quadrat. »Test« steht dort, und darüber prangt wie in der Schule eine Note. Natürlich setzt die Wirtschaft diesen Werbeeffekt nur dann ein, wenn von den Prüfern der »Stiftung Warentest« mindestens ein »gut«, besser aber ein »sehr gut« vergeben wurde. Ob das Produkt die Auszeichnung bloß in einer Teildisziplin verdient hat, steht nur noch im Kleingedruckten. Die Hauptsache ist das Siegel, das wie ein amtlicher Stempel der Ware eine Art Absolution erteilt.

Mancher Kunde mag sich in Gartencentern schon etwas Vergleichbares gewünscht haben. Wie hilfreich wäre im Dschungel verlockender Gewächse ein Wegweiser, der die besten durch prägnante Zeichen hervorhebt. Zumal immer wieder die am prächtigsten blühenden Exemplare zum Kauf verführen – nur um sich später als Luschen herauszustellen.

Gibt es denn kein Siegel für Pflanzen? Doch! Die Szene der Gärtner hat viel mehr zu bieten, als man glaubt. Offensichtlich aber herrscht in der Branche eine unangebrachte Bescheidenheit, frei nach dem Motto: Tue

Gutes und schweige drüber. Seit Jahrzehnten werden sowohl Rosen als auch Stauden und Gehölze strengen Prüfungen unterzogen. Intern werden die jeweils Besten gekürt – an die Öffentlichkeit gelangen diese Ergebnisse allerdings nur spärlich.

Es geht bei diesen Küren zu wie bei *Germany‹s next Topmodel.* Dresdens östlicher Vorort Pillnitz etwa hat nicht nur einen historischen Schlosspark und romantische Weinschenken zu bieten, sondern ein botanisches Highlight, das in Europa einzigartig ist: die Rosensichtung. Auf einem fußballfeldgroßen Gelände werden von der Sächsischen Landesanstalt für Landwirtschaft die besten Rosensorten ausgelesen und präsentiert, ein Traum für Profigärtner. Dort können sie die voll erblühten Musterexemplare aus eigener Züchtung neben denen der Kollegen bewundern – und vergleichen.

Seit 1993 wurden mehr als 280 Sorten ausgewählt und in zweieinhalb mal zweieinhalb Meter große Beete gesetzt, wo sie ohne chemischen Pflanzenschutz auskommen müssen. Wer schwächelt, fliegt raus und macht Platz für neue Sorten. Diese liefern die Züchter sehr bereitwillig, um sie dem Gesundheits-Check zu unterziehen. Denn das Elbklima stellt die Rosen auf eine harte Probe. Die eiskalten Winter testen ihre Beständigkeit gegen Frost, und auch die oft heißen Sommer sind nichts für Zimperliesen.

Zusammen mit den Pillnitzern sind zehn weitere wissenschaftliche Einrichtungen von Ellerhoop bei Hamburg bis Freising-Weihenstephan bei München Teil dieser Testreihe für Rosen. Die Prüflinge sollen nämlich nicht nur verschiedenen Klimabedingungen, sondern auch unterschiedlichen Bodenverhältnissen ausgesetzt werden. Bis zu sechsmal pro Jahr werden sie begutachtet. Die Größe wird festgestellt, die Blüten und als wichtigstes Merkmal die Gesundheit des Laubs bewertet. Nach drei Jahren werden nur die schönsten und zähesten Sorten gekürt.

Diese sogenannte Allgemeine-Deutsche-Rosenneuheitenprüfung (ADR) »gilt als die strengste Rosenprüfung der Welt«.[135] Seit 1950 standen mehr als 1700 Sorten auf dem Prüfstand, 153 von ihnen erhielten das begehrte ADR-Gütesiegel.[136] Damit kennzeichnen die Rosenzüchter ihre Eliten. Allerdings werden diese Zeichen so unscheinbar an den Pflanzen angebracht, dass nur Eingeweihte darauf aufmerksam werden. Der Laie weiß mit dem Kürzel »ADR« meist gar nichts anzufangen.

Ein Kunde im Gartencenter bekommt die Ergebnisse langjähriger strenger Beobachtungen, denen sich auch Stauden, Sträucher und Bäume unterziehen müssen, nie zu sehen. Dabei existiert für diese Pflanzen ein ähnlich gutes Qualifizierungsverfahren, an dem wie bei den Rosen diverse Standorten und Facheinrichtungen quer durch Deutschland beteiligt sind. Schon 1920 hatte der deutsche Züchter Karl Foerster eine zentral gesteuerte Staudensichtung angeregt. In den Dreißigerjahren wurde damit begonnen, aber erst nach dem Krieg führte der »Arbeitskreis Staudensichtung« die Sichtung systematisch fort. Es wird eine »von kommerziellen Interessen unabhängige, gewissenhafte Beurteilung der Pflanzen«[137] vorgenommen, so der Vorsitzende des Arbeitskreises Bernd Hertle.

Inzwischen ist ein immenses Erfahrungswissen zusammengekommen. Fast jede Staudensorte war auf dem Prüfstand und wird weiterhin beobachtet. Anders als beim ADR der Rosen erhalten die Stauden Sternchen, die den Wert einer Sorte für den Garten gewichten. Man unterscheidet zwischen »ausgezeichneten« (drei Sterne), »sehr guten« (zwei Sterne), »guten« (ein Stern) und »entbehrlichen« Sorten (durchgestrichener Kreis).[138] Die Gehölzsichtung lehnt sich seit 1980 an dieses Bewertungssystem an.[139]

Warum aber werden solche Ergebnisse nicht gezielt an Kunden weitergereicht? »Teilweise greifen Gärtnereien und Staudenbetriebe schon auf die Bewertungen zurück«, weiß Hertle, um der Kritik vorsichtig zuzustimmen: »Doch sie könnten, in der Tat, noch stärker verbreitet sein.« Hier ist also noch einiges zu tun. Bis deutliche Kennzeichnungen für den Handel eingeführt sind, kann sich jeder Hobbygärtner nur selbst unter den Stichworten »Staudensichtung« und »Gehölzsichtung« im Internet schlau machen.

Man stelle sich folgende Situation zu Beginn des Gartenjahres vor: In einer Gärtnerei bleibt der Blick kurz an einem schwarzen Plastiktopf hängen, aus dem ein arg gerupft aussehender Lavendel guckt. Das sieht nicht einladend aus. Woher aber soll der Kunde auch wissen, dass sich hinter der tristen Erscheinung die mit drei Sternen prämierte Sorte »Munstead« verbirgt, die noch von der berühmten englischen Gartenlady Gertrude Jekyll gezüchtet wurde. Möglich, dass irgendwo sogar der Pflanzenname hängt – das war‹s dann auch. Da greift der Kunde doch lieber zur Nebenbuhlerin, einem voll mit Blüten besetzten graulaubigen, indes namenlosen Lavendelstrauch, der gerade frisch aus Italien eingetroffen ist. Was er nicht weiß und nicht sehen kann: Das

»hässliche Entlein« wird schon bald zum stolzen Schwan, die vermeintliche Prinzessin jedoch zur Zimperliese, die den nächsten Winter nicht überlebt.

NACH DER ÜBERWINTERUNG IN GESCHÜTZTEN RÄUMEN KÖNNEN PFLANZEN IM FRÜHJAHR PROBLEMLOS WIEDER NACH DRAUSSEN GESTELLT WERDEN

Die meisten Kübelpflanzen bevorzugen ein helles, luftiges Winterquartier. Ideal für Strauchmargerite, Duft-Pelargonie, Oleander, Vanilleblume, Wandelröschen, Feige und Zitrusgewächse wäre ein kühler Wintergarten. Dort, unter dem von Licht durchfluteten Glasdach, fühlen sie sich fast wie an einem Naturstandort am Mittelmeer. Vielfach aber müssen diese Gewächse den Winter in unseren Breiten im engen Treppenhaus oder im kühlen Schlafzimmer ausharren. Wer hat schon den Luxus eines Wintergartens zu bieten? Daher werden die Gewächse im nächsten Frühjahr rasch wieder ins Freie gebracht, wenn die ärgsten Fröste vorüber sind. Endlich, so der Gedanke, kommen diese lichthungrigen Pflanzen zurück in die Sonne. Doch dann passiert oft das Unverhoffte: Ihr Laub verfärbt sich weißlich oder braun, wird pergamentartig dünn und fällt ab.

Zwei Fälle aus dem *Brigitte*-Internet-Forum »Rund um die Pflanze« aus dem April 2009 illustrieren die Problematik:

»Ich habe mit freundlichem Zureden und regelmäßigem Gießen eine Feige im Treppenhaus überwintert. Vor einer Woche habe ich beschlossen, sie wieder dem Wind und der Sonne auf der Dachterrasse auszusetzen. Der Feige geht es inzwischen reichlich schlecht. Sie wirft Blätter ab, die verbleibenden Blätter haben gelbe und braune Flecken.«[140]

»Ich habe mittlerweile vier *Aloe vera*, die auf dem Dachboden überwintern. Im Frühjahr (also jetzt) sehen sie richtig prächtig aus, dicke neue Blätter, groß und kräftig. Sobald sie im späten Frühjahr auf die Terrasse kommen, werden sie braun und matschig … (Fast) schaut es aus, als würden die Blätter verbrennen, als vertrügen sie das Sonnenlicht nicht. Aber es sind doch eigentlich wärme- und sonneliebende Gewächse.«[141]

Ob Feige oder die den Kakteen verwandte Aloe, für alle Pflanzen gilt: Sie müssen sich erst wieder an die UV-Strahlung der Sonne gewöhnen, wenn sie längere Zeit hinter Glas gestanden haben. Das ist wie bei der menschlichen Haut. Ohne Schutz erleidet sie schnell einen Sonnenbrand. Es sei denn, sie hatte Zeit, sich allmählich an die Intensität der Strahlung zu gewöhnen. Pflanzen geht es nicht anders. Es spielt dabei keine große Rolle, ob sie im Treppenhaus oder im Wintergarten untergebracht waren. Das ultraviolette Licht (UV-Licht) wird eben auch vom Fensterglas weitestgehend absorbiert. Deshalb sollte man Gewächse, die im Frühjahr ins Freie kommen, mindestens zwei Wochen lang geschützt und schattig aufstellen, etwa an die Nordseite eines Hauses. Dort ist das UV-Licht so schwach dosiert, dass sich das Blattgewebe langsam wieder abhärten kann.

UMGRABEN LOCKERT DEN BODEN AM BESTEN

Bei den braunen Krümeln des Mutterbodens handelt es sich nicht um leblose Materie. Vielmehr bevölkern Myriaden kleiner Lebewesen dieses Gemisch aus Mineralien und schwarzem Humus. Diese tummeln sich vor allem in den obersten Erdschichten. Dort finden Bakterien, Pilze, Asseln, Springschwänze und Regenwürmer Nahrung, etwa abgefallene Blätter, und reichlich Sauerstoff. Der ist für sie wichtig, um das organische Material in Humus zu verarbeiten. Jedes Umgraben stellt ihren kleinen Staat auf den Kopf. Es verfrachtet sie in die unterste Erdschicht, wo die Lebensbedingungen für sie lausig sind. Wird etwa auch eine Laubschicht vergraben, so stoppt in der Tiefe ihre weitere Zersetzung, weil es dort für den Prozess an Sauerstoff fehlt. Es gibt weitaus effektivere Mittel, um ein Beet zu lockern.

Die beste Arbeit leisten immer noch die Regenwürmer. Sie brauchen etwas organisches Material wie Kompost, Laub oder Rasenschnitt, das sie an die Oberfläche lockt. So durchpflügen sie den Boden und hinterlassen ein geordnetes System aus Gängen und nährstoffreichen Krümeln, dem der Untergrund in erster Linie seine luftige Struktur verdankt.

Größere Flächen lassen sich am besten mit einer Grabegabel bearbeiten. Im Gegensatz zum Spaten wendet sie den Boden nicht. Ihre Zinken werden eingestochen und nur leicht weggehebelt, um die Erdschollen zu lockern. Auch hierbei wird zwar die Struktur des Bodens aufgebrochen, jedoch bleibt der horizontale Aufbau weitestgehend erhalten. Der fruchtbare Oberboden rutscht nicht nach unten.

Ist der Boden hingegen tiefgründig verdichtet, weil zum Beispiel Baufahrzeuge über ihn hinweggerollt sind, empfiehlt sich als erstes eine Gründüngung. Dazu werden spezielle Pflanzen wie Senf, Saatwicke und Bienenweide ausgesät, die den Boden lockern und mit Nährstoffen anreichern. So bohren sich die Wurzeln von Rotklee, Lupine und Ölrettich bis zu zwei Meter tief in den Untergrund. Ist deren Grün verwelkt, sorgen die von den Wurzeln hinterlassenen Kanäle weiterhin für eine gute Dränage und Belüftung.

Nur in seltenen Fällen sollte ein Boden tatsächlich umgegraben werden, etwa dann, wenn er stark verunkrautet ist. Werden die Erdschollen akkurat gewendet, landet das Kraut im Untergrund und die Oberfläche ist frei für eine neue Bepflanzung. Ebenfalls sollte man schwere Lehmböden, die im Frühjahr bestellt werden sollen, vor dem Winter umgraben. Die groben Schollen zerkleinert der Frost während des Winters und hinterlässt so einen feinkrümeligen Boden. Dieser Vorgang heißt »Frostgare«. In diesem Fall gibt es tatsächlich kein besseres Mittel der Lockerung als das Umgraben.

UNKRAUT MUSS IN PRALLER SONNE ABGEHACKT WERDEN

Es gibt Gartenarbeiten, die verlangen nach heißen Tagen. Etwa das Unkrauthacken. Das aus seiner Verankerung gerissene Grünzeug bleibt schutzlos auf dem Boden zurück und soll dort verdorren. Dazu wird die Hacke, ein rechteckiges Stück Metallblatt, das fest mit einem langen Stiel verbunden und scharf wie ein Messer ist, flach mit kurzen ruckartigen Bewegungen durch den Boden gezogen. Das Unkraut wird erfasst, knapp unter der Bodenoberfläche abgeschnitten oder samt Wurzeln herausgezogen. Wäre die Erde feucht, würden Wurzelhärchen rasch wieder den Weg in die Tiefe finden. Genau das verhindert die Hitze. Sie trocknet den gelockerten Boden aus. Das Hacken unter praller Sonne galt bislang als ein sicheres Mittel gegen alle Samenunkräuter wie Vogelmiere, Hirtentäschel, Gundermann.

Jetzt aber sagt uns die Wissenschaft, noch wirkungsvoller als grelles Tageslicht sei die Dunkelheit der Nacht. Die meisten Unkräuter sind nämlich sogenannte Lichtkeimer. Ein Lichtimpuls beendet ihre Samenruhe und schaltet ihre innere Uhr auf Wachstum. Zu den kleinen Wundern des Lebens gehört, wie aus harten Krümeln im Handumdrehen blühende Kräuter werden. Zusätzlich zum Licht sind natürlich einige Tropfen Wasser dazu nötig, die das winzige Energiebündel zum Quellen und schließlich zum Keimen bringen. Doch, wie gesagt, ohne Helligkeit würde gar nichts passieren. Denn solange die Samen in der Krume verborgen ruhen – dort können sie zig Jahre ausharren und auf ihre Chance warten – wäre jedes Quellen und Sprengen der Samenschale zum Scheitern verurteilt. Anders ist es, wenn Samen aus tieferen Bodenschichten nach oben gekehrt werden, etwa durch Umgraben oder Hacken des Gärtners. Trifft sie dann das Sonnenlicht – und offensichtlich ist genau dieser erste Moment entscheidend – legen sie los.

Vor rund 20 Jahren hat Professor Karl M. Hartmann mit seinen Mitarbeitern an der Universität Erlangen erste Feldversuche zum nächtlichen Hacken angestellt. Sie fanden heraus, dass auf einem Acker 98 Prozent weniger Unkrautsamen keimen, wenn der Boden bei Nacht bearbeitet wird.[142] Dieses sensationelle Ergebnis wurde damals vom Biolandbau als Mittel zur natürlichen Unkrautbekämpfung begeistert aufgenommen.

Der Agrawissenschaftler Johan Ascard kommt zu ähnlichen Ergebnissen, die er 1994 auf einem Symposium der International Society for Horticultural Science vorstellte.[143] Wie er herausfand, reduziert ein Hacken des Bodens eine Stunde nach Sonnenuntergang das Unkraut im Vergleich zur Arbeit am Tag schon um 40 Prozent. In weiteren Versuchen bringt er tagsüber einen Sonnenschutz über der Hacke an – auch dies mit messbarem Erfolg.

Untersuchungen anderer Forscherteams in den Folgejahren fallen differenzierter aus. So hängt der Erfolg ebenso von der Art der Unkräuter und den Jahreszeiten ab. Beide Faktoren beeinflussen die Lichtempfindlichkeit während der Keimung. Echte Kamille und Efeublättriger Ehrenpreis lassen sich im Durchschnitt nachts um etwa 30 Prozent weniger aus ihrer Keimruhe bringen als tagsüber. Alles in allem spricht vieles dafür, den dunklen Abendstunden für die Erdarbeiten im Garten tatsächlich den Vorzug zu geben. Wie viel allerdings der Lichtschein etwaiger Taschenlampen wiederum die Keimung stimulieren würde, bleibt dahingestellt.

JEDEN TAG EIN BISSCHEN WÄSSERN HILFT DEN PFLANZEN IN TROCKENZEITEN

Der Rasen ist der Deutschen liebstes Kind. Kaum brennt die Sonne einmal drei Tage lang ununterbrochen vom Himmel, schon knattern und rauschen die Sprenger und versprühen wohltuendes Nass über dem satten Grün. Manchmal fragt man sich allerdings: Wem soll hier etwas Gutes getan werden?

Nach gefühlten fünf Minuten wird der Wasserhahn wieder zugedreht und der Gartenbesitzer atmet auf: »Ach herrlich, alles so frisch jetzt.« In der Tat, Wassertropfen glitzern zwischen den kurzen Halmen und es liegt ein angenehm kühler Hauch in der Luft. Doch hat die Rasenfläche wirklich von dem kurzen, künstlichen Schauer profitiert? Eher nicht.

Man sollte sich Folgendes klarmachen: Wird eine Gießkanne mit zehn Liter Wasser auf dem Boden ausgekippt, entspricht dies einem Wasserstand von zehn Millimeter Höhe pro Quadratmeter. In anderen Worten, der Boden ist also gerade einmal fingerdick mit Flüssigkeit bedeckt. Diese wird höchstens zehn Zentimeter tief ins Erdreich eindringen,[144] je nachdem, ob es sich um sandige oder lehmige Böden handelt. Für durstige Gräser, die 15 Zentimeter tief und tiefer wurzeln, ist dies bloß ein Tropfen auf dem heißen Stein. Im Sommer verdunstet das Rasengrün wöchentlich durchschnittlich 25 bis 30 Liter pro Quadratmeter. In Hitzeperioden können sogar bis zu 40 Liter daraus werden. Das für die Pflanzen verfügbare Wasser vieler Böden ist dann weitestgehend aufgebraucht. Die Depots unterhalb der Krume müssen wieder aufgefüllt werden, und das am besten durch einen kräftigen Schwall. Mit jedem künstlichen Regen sollten mindestens 25 Liter pro Quadratmeter niedergehen, empfiehlt der Agrarmeteorologe Professor Dr. Hans Häckel.[145]

Doch woher weiß man, wann ein Rasensprenger diese Menge verteilt hat? Wie lange dauert das? Da dies von Wasserdruck und vom Sprengertyp abhängt, bedient man sich am besten einer einfachen Kontrolle. Dazu wird ein Wasserglas in den Tropfenregen gestellt. Hat sich darin das Wasser 25 Millimeter hoch gesammelt, so ist die Menge von 25 Liter pro Quadratmeter erreicht. Die Bewässerung muss dafür etwa zwischen einer halben und einer ganzen Stunde laufen.

Was über den Rasen gesagt wurde, gilt natürlich entsprechend auch für andere Gartenpflanzen wie Rosen und Stauden: Das Wasser muss in deren Wurzelbereich vordringen. Dazu sind nicht nur größere Wassermengen nötig, sondern auch gezielte Wassergaben. Von dichtem Blattwerk perlen die Tropfen zunächst ab und die Erde darunter bleibt trocken. Um zu verhindern, dass ein gezielter Schub aus der Gießkanne sich über den ganzen Boden verteilt, ist es sinnvoll, Mulden um größere Pflanzen zu formen, in denen sich das Wasser sammeln kann. Bäume und Sträucher, die länger als zwei Jahre an Ort und Stelle wachsen, brauchen jedoch in der Regel keine zusätzliche Bewässerung mehr.

Im Übrigen gilt: Ist die Erde feucht, kann sie größere Wassermengen besser aufnehmen. Dazu lohnt manchmal der Blick zum Himmel. Versprechen dort nicht ein paar Wölkchen etwas Regen? Nach einem kurzen Schauer ist die Bewässerung effektiver. Andererseits kann der Boden die Sturzbäche eines Gewitters besser aufsaugen, wenn er zuvor beregnet wurde. Das gilt vor allem für Hanglagen, an denen das Wasser oberflächlich besondern leicht abfließt.

Das liebe Grün wird es jedenfalls danken, wenn nicht nur ein paar flüchtige Spritzer das Laub duschen, sondern die Wurzeln aus aufgefüllten Erdtanks den Durst richtig löschen können.

WEGE IM GARTEN MÜSSEN DIREKT VON A NACH B FÜHREN

Der Weg sollte die kürzeste Verbindung zwischen zwei Punkten sein. Was wie ein Lehrsatz aus einem physikalischen Schulbuch klingt, gilt auch für den öffentlichen Wegebau. Weiß man doch aus Erfahrung, dass ein Weg mit unnötigen Ecken und Kurven abgekürzt wird. Sogar für den Privatgarten ist diese Erfahrung hilfreich, wenn es um rein funktionelle Wege geht, etwa um das Stück, das man mit der Schubkarre zum Komposthaufen zurückzulegen hat. Dafür möchte man keine unnötigen Schlenker fahren.

Abgesehen davon ist der Garten insgesamt aber niemals eine reine Funktionsfläche. Er ist eher das Gegenteil. Er ist ein Raum, der im reinen Wortsinn der »Entlastung« aus funktionalen Zusammenhängen dient. Es ist ein Ort zum Entspannen und zum Umherschweifen.

Deutlich wurde das vor allem im 18. Jahrhundert. Das Bürgertum schickte sich an, den Adel aus den Machtpositionen im Staat zu verdrängen, die dieser qua Geburt besetzt hielt. Es übernahm nun peu à peu die Funktionen in den obersten Schaltzentralen von Wirtschaft und Politik. Ausdruck des erwachten bürgerlichen Selbstbewusstseins war unter anderem die »Mode« der Landschaftsparks, der sich schließlich auch die Adligen unterwarfen. Die weitläufigen Anlagen dienten dem erholsamen Spaziergang und dem Sich-inspirieren-Lassen in einem Stück idealisierter Natur.

Ursprünglich war dieser neue Parktyp jedoch ganz bewusst als Protest gegen die gezirkelten und als künstlich geltenden barocken Anlagen entstanden. Hatte der englische Politiker und Philosoph Joseph Addison doch schon 1712 seine Kritik an dem königlichen Park von Hampton Court, dem britischen Gegenstück zu Versailles, formuliert: »Wir sehen die Spuren der Schere an jeder Pflanze, jedem Busch … Ich muss gestehen, dass ich lieber einen Baum in all seiner schwelgerischen Wildheit sehe, als wenn er in eine mathematische Figur gehackt und geschnitten ist.«[146] Der barocke Park stand für das feudale Herrschaftssystem, aus dessen Fesseln sich das Bürgertum zu befreien begann. Ihm setzte es die Möglichkeit auf eine freie Entfaltung entgegen, die unter anderem in der natürlichen Gestaltung der Landschaftsparks zum Ausdruck kam.

Das zeigte sich dort etwa in der völlig ungezwungenen Wegführung. Während in den barocken Parks noch ein strenges Wegeraster vorherrschte, schienen die Wege im Landschaftsgarten eher planlos. Vielmehr sollten sich diese der Topografie der Landschaft anpassen. Der berühmte deutsche Gartentheoretiker Christian Cay Lorenz Hirschfeld aus Kiel bemerkt 1779 dazu: »Jedoch ist bey den gekrümmten Wegen zuvörderst jedes Kennzeichen der Kunst zu vermeiden. Die Wendungen müssen überall natürlich seyn; es muß keine Fortschreitung, keine Einbiegung, kein Auslauf vorkommen, die nicht aus der Beschaffenheit des Bodens entsprungen scheinen, und mit der Lage der Gegenstände (zum Beispiel Bäume, Felsen, Teiche, Anm. d. Verf.), die sich auf ihm befinden, übereinstimmen. Ein einzelner Baum kann oft einen erheblichen Unterschied machen, der es nicht gleichgültig läßt, ob der Weg auf dieser oder auf jener Seite dahin läuft.«[147]

Damit die Wege ganz natürlich erschienen, wurden die Landschaftsgärtner auf der Suche nach den besten Pfaden einfach über das Gelände geschickt. Sie sollten sich treiben lassen und zogen dabei schlicht einen Stock hinter sich her, der ihre Spur in den Erdboden ritzte. Zurück blieb eine mehr oder weniger geschlängelte Linie. Sie diente als Vorlage für den späteren Wegverlauf.

Es konnte auch passieren, dass ein Weg plötzlich vor einem tiefen Graben endete. »Aha, da ging es nicht weiter«, wird sich der Parkbesucher gedacht haben. Doch diese Sackgasse belohnte ihn mit einem wunderschönen Blick in die Landschaft, den dieser Standpunkt bot. Die Gräben markierten wie ein Zaun die Gartengrenze. Nach dem Ausdruck der Überraschung hießen sie »Aha«, auch »Ha-Ha« oder »Ah-Ah«. Sie fielen optisch nicht auf, verbanden Park und Landschaft miteinander und hinderten das Vieh dennoch daran in die gestaltete Anlage einzufallen.

Friedrich Ludwig Sckell, der Gestalter des Englischen Gartens in München, ging einige Jahrzehnte später bei seiner Weggestaltung noch bewusster vor. In seinen *Beiträgen zur Bildenden Gartenkunst* zeigt er einen Gartenarchitekten, der mittels eines langen Stockes den Weg markiert. Dazu heißt es: »In dieser aufrechten Haltung, mit dem vorwärts nach der bestehenden Localität und den bereits durch den Plan bestimmten Hauptpunkten … gerichteten Blick, folgte er dann mit starken Schritten der schönen Wellen-Linie nach, die ihm seine geübte Einbildungskraft vorbildet, und gleichsam vor ihm herschweben lässt.«[148] Es handelte sich um die Hogarthsche Schönheitslinie, die der Gartenkünstler beim Gehen vor Augen haben sollte. Der Maler William Hogarth hatte diese gleichmäßige Schlangenlinie als »die sichtbare Formel für die höchste Schönheit«[149] bezeichnet, wie die Kunsthistorikerin Marie Luise Gothein schreibt. Sckell hatte diese wellenförmige Linie 1792 eigenhändig in den Boden des Englischen Gartens in München geritzt, um den Hofgarten durch einen sanft geschwungenen Weg mit dem Wald Hirschanger zu verbinden.[150]

In heutigen Privatgärten sind solche weit ausschweifenden Wege zu überschaubaren Gestaltungselementen geschrumpft. So findet sich etwa im Garten von Madeleine van Bennekom in Domburg, in der niederländischen Provinz Zeeland, ein viel gerühmtes Beet, das der kühne Schwung eines Wegs zweiteilt. Er ist bloß Zutat, die es dem Besucher ermöglicht, eine Schleife durch die Pracht dieser Rabatte zu machen. Doch der Weg hat kein Ziel. Man kann auf ihm ein Stück gehen, sich von den Farben der diversen Iris, Storchschnäbel, Spornblumen und des Ziersalbeis verzaubern lassen, kann auf und ab schlendern und wieder umdrehen. Er hat sogar einen Namen: »der Irisweg«.

Im Garten trifft der Satz »der Weg ist das Ziel« im ureigenen Sinn zu. Wege sind um ihrer selbst willen da bzw. als Hommage an die Pflanzen, die ihnen zur Seite stehen. Kaum ein berühmter Garten, der nicht solche »namenhaften« Pfade besitzt: »Frühjahrsweg«, »Lindenweg« und wie sie alle heißen. Ihre Bedeutung erhalten sie durch die Einbindung in das Gesamtkonzept. Durch sie bekommt der Garten ein Gesicht. Sie sind von Bedeutung wie die Lebenslinien in einer Hand: »Hier geht es lang«, sagen sie und dienen damit der Orientierung, die man beim Gestalten ernst nehmen muss. Im Garten, der ein Raum zum Verweilen ist, sind Wege so viel mehr als nur die Verbindung zwischen zwei Punkten.

IM WINTER SIND GÄRTEN OHNE REIZ

Die meisten Menschen lieben es ordentlich. Dagegen ist nichts einzuwenden. Es erleichtert das Leben ungemein, wenn man Dinge wiederfindet, weil sie ihren festen Platz haben. Mit der Natur ist das anders. Sie ist gar nicht ordentlich. Die gesamte Kulturgeschichte hindurch hat der Mensch daher versucht, dieses Chaos in eine angemessene Ordnung zu bringen. Teils hat sich die Natur dem eifrigen Bemühen ergeben und sich in Systematiken und Schemata zwängen lassen. Doch hinlänglich, bis ins Detail berechenbar und vorhersehbar ist sie dadurch noch immer nicht.

Die Jahreszeiten kommen unserem Streben nach Ordnung entgegen. Das Gros der Menschen nimmt daran fast überschwänglich Anteil – erst einmal. So ruft die Schönheit der sich feurig färbenden Blätter im Herbst immer wieder große Bewunderung hervor. Doch warum kann das falbe Laub nicht bis zum Frühjahr am Baum bleiben? Warum kann es nicht einfach mit dem frischen Austrieb gleichsam als Staub zu Boden rieseln? Warum bloß fällt es schon im Herbst herab und liegt dann so unordentlich in der Gegend herum? Also wird es weggeräumt – denn Ordnung muss sein –, wie so vieles mehr, was im Herbst trocken, dürr und ohne Leben in den Beeten herumsteht. Der kahle Boden wird dann unter einer Schneedecke ruhen – wenn es denn schneit. Oder sich in dem reizlosen nassen Braungrau präsentieren, das sich zwischen Dezember und Februar typischerweise draußen breit macht.

Es sei denn, man zügelt den Ordnungssinn gegenüber der Natur und lässt sich auf Stimmungen ein, die in solchen Gärten entstehen, die dem Winter eine Bühne bieten. Dazu darf die Vegetation auf den Beeten nicht bis zum Boden abrasiert werden. Der niederländische Gestalter Piet Oudolf, den spektakuläre Parks in London und New York weltberühmt gemacht haben, hat einen Stil geprägt, der auf »das jahreszeitlich bedingte Werden und Vergehen«[151] eines Gartens setzt. Mit hohen Gräsern und imposanten Stauden schafft er stimmungsvolle Bilder. Ihn interessieren keine bloß nach Farben sortierten Rabatten. Viel stärker reizen ihn Formen und Strukturen, die allmählich in den exakt komponierten Pflanzungen Gestalt annehmen. So sind Knospen, Blätter und Blütenstände die Akteure, die das ganze Jahr hindurch Akzente setzen. »Und nicht zuletzt muss man lernen, die ungeschminkte Schönheit abgestorbener Pflanzen anzuerkennen, die selbst im Zustand der Verwesung immer noch ihren Reiz haben«, schreibt Oudolf in dem Band *Neues Gartendesign mit Stauden und Gräsern.*[152]

Gerade im Spätherbst und Winter entfalten die von ihm gestalteten Anlagen eine ganz eigentümliche Magie. Dann wird der Wind zum Mitspieler und fährt mit Kraft durch das trockene Laub der Gräser. Das matte Licht verfängt sich in den silbrigen Ähren, die noch über allem thronen, und macht sie zu leuchtenden Fackeln. Und manchmal spannen sich zwischen die rauen Stängel der Stauden Spinnennetze, die durch unzählige winzige Tautropfen wie Lichterketten glitzern. Plötzlich, nach einer wolkenlosen Nacht, kann diese wilde magische Stimmung in eine sanfte märchenhafte Szenerie umschlagen Die bizarr-welke Landschaft ist nun weiß gepudert, von feinen Eiskristallen überzogen und absolut ruhig, so, als wäre die Natur zu einem zauberhaften Gemälde erstarrt. Die Magie solch flüchtiger Momente entfaltet sich am besten, wenn Schnee, Eis und Raureif Strukturen finden, denen sie ihre Mützen überstülpen, Kronen aufsetzen, gefrorene Bärte anhängen und bereifte Röcke überstreifen. So reizvoll können Gärten im Winter sein.

ZIKADEN SIND MIT DEN HEUSCHRECKEN VERWANDT

Zikaden sind winzige Insekten, die an Pflanzen saugen. »Die Körperlänge der Tiere beträgt in der Regel zwischen 1,8 und 38 Millimeter. Die Kaiserzikade (*Pomponia imperatoria*) kann bis zu 70 Millimeter lang werden und eine Flügelspannweite von maximal 180 Millimeter erreichen.«[153] Heuschrecken dagegen besitzen kräftige Kiefer, mit denen sie Pflanzen zuweilen regelrecht kahl fressen. Außerdem sind sie größer und können schon mal bis zu 250 Millimeter lang sein. »Aufgrund ihres Sprungvermögens werden Zikaden häufig mit Heuschrecken verwechselt, mit denen sie aber nicht verwandt sind«[154], erklärt denn auch *Wikipedia.*

Der Gärtner in Deutschland hat in erster Linie mit Blattzikaden zu tun, die nicht viel größer als neun Millimeter sind. Auf den ersten Blick sehen diese Tierchen Läusen zum Verwechseln ähnlich. Ihre Körper sind jedoch schlanker und flacher. Noch kleiner ist die Rosenzikade. Ihre Larven zum Beispiel schlüpfen etwa gleichzeitig mit der Laubentfaltung der Rosensträucher. Zwei Wochen später tauchen dann bereits die ersten erwachsenen Tiere auf. Sie tragen Flügel: Berührt man die befallene Pflanze, erheben sich die Tiere sofort in die Luft. Damit unterscheiden sie sich noch deutlicher von den Läusen als die flügellosen Zikadenlarven, die bei Gefahr immerhin einen kräftigen Satz machen können. Beide Formen stechen ihre Saugrüssel von der Blattunterseite aus in die Pflanzenzellen. Mit dem Pflanzensaft schlürfen sie das Chlorophyll aus dem Gewebe. Daher werden auf der Blattoberseite viele weiße Sprenkel sichtbar. Bei einem starken Befall können die Blätter auch völlig ausbleichen. Nur dann sollte man wirklich gegen diese Tierchen vorgehen. Es helfen die gleichen Mittel wie gegen Läuse.

Auch Rhododendren werden von einer Zikadenart befallen. Die erwachsenen Tiere sind mit neun Millimetern Länge größer und auffälliger als Rosenzikaden. Ihre Körper glänzen metallisch grün und ihre Flügeldecken tragen rötliche Zeichnungen. Sie werden den Rhododendren jedoch weniger durch das Ausschlürfen des Chlorophylls gefährlich, sondern durch die Übertragung einer Krankheit. Wenn die Weibchen im September ihre Eier in die Knospen schieben, infizieren sie diese meist mit den Sporen der sogenannten Knospenbräune. Dabei handelt es sich um eine Pilzkrankheit, die das Aufblühen der Knospen verhindert. Später wächst auf deren Außenseite ein borstig aussehender schwarzer Pilzrasen, der die Sporen über die ganze Pflanze verteilt. Daher müssen die Knospen entfernt werden, sobald sie sich braun verfärben. Man schneidet dafür die Triebe einige Zentimeter unterhalb der Knospe ab. Die Rhododendron-Zikaden selbst lassen sich mit gelben Leimtafeln fangen, die in die Sträucher gehängt werden.

Eher harmlos sind hingegen winzige Schaumzikaden, die man zum Beispiel an Lavendelsträuchern findet. Sie tarnen sich mit ihrem eigenen Speichel, den sie zu einer Art schaumige Höhle aufblasen und zwischen die Blätter einklemmen. Wofür dieser Aufwand? Er soll natürlich den Vögeln den Appetit auf ihre Wenigkeit vergällen.

Gefräßige Heuschrecken werden in deutschen Gärten zum Glück zu keiner Plage. Dafür lassen wir uns von ihnen gerne bezirzen, wenn sie in einer Hochsommernacht ihren Flügeln Stakkatoklänge entlocken wie ein Virtuose seiner Geige.

ZITRUSGEWÄCHSE VERTRAGEN KEINEN FROST

Als Gewächshäuser noch Orangerien hießen, waren sie eine Liebeserklärung an die Orange. Deren Blütenduft und Geschmack waren die Menschen in Europa seit der Antike verfallen. Wie aber sollten diese frostempfindlichen Gewächse über den Winter kommen? Die geringsten Minusgerade machen ihnen den Garaus.

Alle Zitrusgewächse haben es gerne behaglich warm. Angenehme 20 bis 25 Grad und Sonne satt, tagein, tagaus. So jedenfalls fühlt sich das subtropische Klima in ihrer südostasiatischen Geburtsstätte an. Schon vor Tausenden von Jahren wurden die prachtvollen Fruchtbäume dort in Kultur genommen. Über Iran und Nordafrika rückten sie langsam nach Europa vor, wo sie zu einer Charakterpflanze rund um das Mittelmeer wurden. »Kennst du das Land, wo die Zitronen blühen, Im dunkeln Laub die Gold-Orangen glühn«, reimte Johann Wolfgang von Goethe vor gut 200 Jahren in Erinnerung an seine Italienreise.

Doch nicht alle Gegenden Italiens bieten das ganze Jahr über diese milden Temperaturen. Zu den Wintern im Norden des Landes bis hinab in die Toskana und nach Umbrien gehören auch Schnee und Frost. Anfangs wurden daher um die Bäumchen herum im Herbst Stellagen aus Holz errichtet. In der Renaissance begannen die Gärtner die Gewächse in Töpfe oder Kübel zu setzen und diese im Garten zu verteilen. Den Winter über wurden sie in geschlossenen Räumen untergestellt – was viele dieser Exoten nicht überlebten. Ab dem 16. Jahrhundert baute man für die Fruchtbäume spezielle Gebäude mit nach Süden ausgerichteten Fenstern: die Orangerien.

Noch heute sind viele italienische Villenbesitzer stolz darauf, wenn sie eine beachtenswerte Zitrus-Sammlung vorzuweisen haben. Zum Ende der Saison werden diese ins helle Winterquartier transportiert, das sich meist als stilvolle hauseigene Orangerie entpuppt. In unseren Breiten schüren Zitronenbäumchen die Sehnsüchte nach Sonne und Süden. Sie stehen daher auf Balkon oder Terrasse hoch im Kurs. Zur Überwinterung muss meist das Wohn- oder ein Schlafzimmer herhalten.

Zu den vom Zitrusfieber Befallenen gehörte auch der Gartenbaustudent Bernhard Voß. Schon während seines Studiums im bayrischen Weihenstephan fing der heute Fünfzigjährige an, die Schätze des Südens eifrig zu sammeln. Der Überwinterungsfrage müde, fahndete er bald nach frostharten Arten. In Florida (USA) wurde er fündig. Er entdeckte Apfelsinenbäume, die sogar zwölf Minusgrade aushielten. Die Züchtungen waren für die US-Zitrusfarmer entwickelt worden, um Ernteverluste durch Frost zu minimieren.

Mit einer Handvoll Kernen – nur die durften nach Europa eingeführt werden – startete Voß vor zwölf Jahren eine Zitrusgärtnerei in Jork südlich von Hamburg.[155] Heute kultiviert er dort mehr als 150 Sorten. Neben Schweden und Iren ordern sogar Italiener die robusten Zitrusarten bei ihm.

Keinen geringen Anteil am Erfolg hatte eine spröde Schönheit: die Bitterzitrone *Poncirus trifoliata*. Die Wildform mit ungenießbaren Früchten, die in Zentralchina als Hecke gezogen wird, steckt noch minus 20 Grad klaglos weg. Vereinzelt sieht man diese Art heutzutage auch schon in bundesdeutschen Vorgärten wachsen. Gärtner Voß bietet viele Züchtungen an, in denen Bitterzitronen ihre genetischen Fingerabdrücke hinterlassen haben, wie die Citrangequat »Thomasville«. Diese Mischung aus Orange und Kumquat mit süßen, saftigen Früchten verträgt Frost bis minus zwölf Grad. Aromatisch wie eine Orange schmeckt die 1980 in Florida entstandene Citroncirus »Hybrid USA 119«. Auch sie verträgt zweistellige Minusgrade. Zu den frostharten Zitrusgewächsen zählen noch weitere Arten wie die in den Höhenlagen Westchinas heimische *Citrus ichangen-*

sis. Deren Sorten tragen duftende Blüten und dekorative Früchte, die den bekannten Zitrusfrüchten zum Verwechseln ähnlich sehen. Allein der Geschmack lädt nicht immer zum herzhaften Hineinbeißen ein.

Diese Arten halten – warm eingepackt und geschützt aufgestellt – ebenfalls den Winter über tapfer draußen durch.

ANMERKUNGEN

[1] Bernd Schulz und Gerd Großmann: *Obstgehölze erziehen und schneiden*. Stuttgart 2009, S. 26.

[2] Eckart Brandt: *Brandts Apfellust. Alte Apfelsorten neu entdeckt. Für Garten und Küche*. München 2006, S. 41.

[3] Ebd. S. 45.

[4] http://bfriends.brigitte.de/foren/rund-um-die-pflanze/

[5] Josef Edler: *Bambus. Meisterarbeit*. Unter: www.edler.at/meisterarbeit/Meisterarbeit_screen.pdf, S. 9.

[6] Informationen zur Wurzelsperre erhalten Sie unter: www.bambus.de/infos/rhizome/rhizomsperre.html

[7] Allen Paterson: *The History of the Rose*. London 1983, S. 106.

[8] Clemens Alexander Wimmer: »Rosen im Barockgarten«. In: *Zandera. Mitteilungen aus der Bücherei des Deutschen Gartenbaues e.V., Berlin*. Band 9 (1994), Nr. 2, S. 41.

[9] Ebd. S. 42.

[10] Ebd. S. 53.

[11] Pierre-André Lablaude: *Die Gärten von Versailles*. Worms am Rhein 1995, S. 121.

[12] Theodor Fontane: *Der Stechlin*. Stuttgart 1978.

[13] Joachim Wolschke-Bulmahn: *Auf der Suche nach Arkadien*. München 1990, S. 69 (*Arbeiten zur sozialwissenschaftlich orientierten Freiraumplanung* 11).

[14] Alfred Lichtwark: *Markartbouquet und Blumenstrauß*. München 1894. S. 43f.

[15] Ebd. S. 44.

[16] Ebd. S. 46.

[17] Hans-Helmut Poppendieck: »Der erste Museums-Bauerngarten«. In: *Die Gartenkunst*, 1/1992, S. 81.

[18] Ebd. S. 90.

[19] Ebd. S. 81.

[20] Ebd. S. 82.

21 Gerda Nissen: *Bauerngärten in Schleswig-Holstein.* Heide 1989. S. 108.

22 Bärbel Steinberger: *Mein schöner Bauerngarten. Blumenpracht und reiche Ernte.* München 2007. S. 12.

23 Agnes Sternschulte: »Die Geschichte des Bauerngartens bis heute«. In: *Der Holznagel* 11, 1985, S. 30ff.

24 Gabriele Uerscheln und Michaela Kalusok: *Kleines Wörterbuch der europäischen Gartenkunst.* Stuttgart 2001, S. 113: »Garten (vermutl. aus got. *gards, garda* >Gerten<), ursprünglich das durch Zäune aus Gerten vor der umgebenden Wildnis eingehegt und bestellte Land.«

25 *Deutsches Universal Wörterbuch.* Mannheim, Leipzig, Wien, Zürich 1996.

26 Ellen Schmitz-Felten: »Baumschnitt im Winterhalbjahr – ein auslaufendes Modell«. In: *Gartenpraxis,* 5/1997, S. 20f.

27 Ebd. S. 21.

28 Gutes und der Region angepasstes Saatgut liefert etwa die Firma Rieger-Hofmann GmbH in Blaufelden- Raboldshausen, www.rieger-hofmann.de

29 Christopher Lloyd: *Wiesen.* Stuttgart 2005, S. 48.

30 Robert Becker: *Nancy Lancaster. Her Life, Her World, Her Art.* New York 1996, S. 371f.

31 Wendy Hitchmough: *Arts-And-Crafts-Gärten.* Stuttgart 1998, S. 21.

32 Barbara Friedrich: »Jagdfieber«. In: *Zuhause Wohnen,* Sonderheft Garten. Hamburg 1996, S. 62.

33 Die Nematoden können über die Firmen Neudorff, Emmerthal, und re-natur, Ruhwinkel, bezogen wer den.

34 Richard Hansen, Friedrich Stahl: *Die Stauden und ihre Lebensbereiche in Gärten und Grünanlagen.* Stuttgart 1987.

35 Stauden sind langlebige, krautige Pflanzen, deren

Triebe jedes Frühjahr erneut aus dem Boden sprießen. Teils nach der Blüte, spätestens aber vor dem Winter, sterben ihre grünen Pflanzenteile ab (eine Ausnahme machen wintergrüne Stauden). Die Nährstoffe werden zu großen Teilen in den Wurzeln deponiert. Viele Stauden breiten sich mit den Jahren aus.

36 Kurt Reschke: »Prof. Dr. Richard Hansen: 85 Jahre«. In: *Gartenpraxis* 7, 1997, S. 6.

37 Christopher Bradley-Hole: »Die deutsche Revolution«. In: *LA/Landschaftsarchitektur* 4, 2001, S. 34.

38 Noel Kingsbury: »Euro-Stauden … Pflanzenverwendung in Großbritannien«. In: *LA/Landschaftsarchitektur* 2, 2002, S. 37.

39 Ebd. S. 39.

40 Noel Kingsbury über Piet Oudolf in: *Neues Gartendesign mit Stauden und Gräsern*, von Piet Oudolf und Noel Kingsbury. Stuttgart 2000, S. 11.

41 Heinrich Marzell: *Wörterbuch der Deutschen Pflanzennamen*. Leipzig 1972, S. 459.

42 Ebd.

43 Dazu Karl Mägdefrau: *Geschichte der Botanik. Leben und Leistung großer Forscher*. Stuttgart, Jena, New York 1992, S. 43.

44 Ebd. S. 150.

45 Wolfgang Franke: *Nutzpflanzenkunde. Nutzbare Gewächse der gemäßigten Breiten, Subtropen und Tropen*. Stuttgart 1976, S. 54.

46 *Marktblatt des Blumengroßmarkts Hamburg*, Ausgabe Herbst 2009.

47 http://de.wikipedia.org/wiki/pelargonien

48 Heinz-Dieter Krausch: *»Kaiserkron und Päonien rot …« Von der Entdeckung und Einführung unserer Gartenblumen*. München 2007, S. 337.

49 Zitiert in ebd. S. 336.

50 Eine Ausnahme machen die jüngst auf den Markt gekommenen Hybriden »Rozanne« und »Jolly Bee«, die fast durchgehend von Mai bis November blühen. Sie lassen sich in Töpfe oder ins Gartenbeet pflanzen.

51 Gerda Bödefeld und Berthold Hinz: *Die Villen der Toscana und ihre Gärten*. Köln 1991, S. 104.

52 Ebd. S. 107.

53 Ebd. S. 106.

54 Judith Chatfield: *Die schönsten italienischen Gärten. Eine Einladung zum Besuch*. Köln 1991, S. 204.

55 Leon Battista Alberti: *Zehn Bücher über die Baukunst. Ins Deutsche übertragen, eingeleitet und mit Anmerkungen und Zeichnungen versehen durch Max Theuer*. Wien und Leipzig 1912, S. 479.

56 Jacob Burckhardt: *Die Kultur der Renaissance in Italien*. Stuttgart 1988, S. 213.

57 *Pareys Blumengärtnerei. Beschreibung, Kultur und Verwendung der gesamten gärtnerischen Schmuckpflanzen*. Hrsg. von Fritz Encke. Berlin 1958, Bd. 1, S. 775.

58 *Pareys illustriertes Gartenbaulexikon in zwei Bänden*. Hrsg. von Professor Richard Maatsch. Berlin 1956, Bd. 1, S. 522.

59 Edgar Gugenhan: SDR 1 Ratgeber: 333 Tips für Zimmerpflanzen. Stuttgart o. J., S. 116.

60 Karlheinz Rücker: *Die Pflanzen im Haus*. Stuttgart 1998, S. 313.

61 Helmut Pirc: *Ziergehölze schneiden*. Stuttgart 2009, S. 30. Helmut Pirc stellt die Besonderheit des Schneidens von Hortensien in seinem fundierten Buch natürlich richtig dar.

62 Herbert Eipeldauer und Robert Schreiber: *Obstbaumschnitt*. Leopoldsdorf 2003, S. 204.

63 Magda Bauckmann: *Kiwi*. Stuttgart 1987, S. 7.

64 *Kompost im Garten*. Herausgegeben vom Auswertungs- und Informationsdienst für Ernährung, Landwirtschaft und Forsten (AID) e.V., mit Förderung durch den Bundesminister für Ernährung, Landwirtschaft und Forsten. Bonn 1992, S. 3.

65 Alwin Seifert: *Gärtnern, Ackern – ohne Gift*. München 1980, S. 40. Während des Dritten Reiches gehörte Seifert als bekennender Nationalsozialist zu den Landschaftsanwälten, die sich beim Bau der Reichsautobahn um die Landschaftsgestaltung kümmerten.

66 Peter Fischer et al. in: *Der praktische Gartenratgeber*. München 1/1996, S. 16.

67 Kurt Heinze: *Leitfaden der Schädlingsbekämpfung*, Bd. II, *Schädlinge und Krankheiten im Obst- und Weinbau*. Stuttgart 1978, S. 103.

68 Hans Steiner: *Nützlinge im Garten*. Stuttgart 1994, S. 67.

69 Thüringer Landesanstalt für Landwirtschaft, Merkblatt: *San-José-Schildlaus, ein neuer Schädling in Thüringen*. September 2005. Unter: www.tll.de/ainfo/pdf/sjsl0905.pdf

70 Tim Upson und Susyn Andrews: *The Genus Lavandula*. Portland 2004, S. 53.

71 Victoria Glendinning: *Vita Sackville-West. Eine Biographie*. Frankfurt a. M. 1990, S. 369.

72 Ebd.

73 Tony Lord: *Sissinghurst. Einer der schönsten Gärten Englands*. Köln 1996, S. 47.

74 Ebd. S. 11.

75 *Der Spiegel* Nr. 32, 2009, S. 96.

76 Etwa die Staudengärtnerei Gaissmayer in Illertissen vertreibt die Minze *Mentha species* ›Nemorosa‹ – Hemingway-Minze. Sie schreibt darüber: »Diese aus

dem Garten von Hemingways Lieblingsbar in Havanna stammende Minze ist selbstredend zum Mojito zu genießen. Sie hat sich als völlig winterhart erwiesen. Wir haben sie von einem Minzefreund aus Dresden erhalten.«

77 Jürgen Dahl: *Nachrichten aus dem Garten. Praktisches, Nachdenkliches und Widersetzliches aus einem Garten für alle Gärten*. Stuttgart 1989, S. 42.

78 Der Minze-Katalog *Sorten, Tips, Rezepte und sonstige Anwendungen aus dem Minzegarten*. S. 29. Herausgegeben von der Staudengärtnerei Dieter Gaissmayer und auch dort zu beziehen.

79 Volkmar Wirth und Ruprecht Düll: Farbatlas Flechte und Moose. Stuttgart 2000, S. 302.

80 http://www.japan-garten.eu/moos_garten.htm. Auf dieser Internetseite finden sich Fotos vom Moosgarten im Park von Schloss Eickhof.

81 Ebd. Infos über ein Veranstaltungsprogramm. Hier erfahren Sie auch mehr über die Gestaltung japanischer Gärten.

82 Krafft von Heynitz und Georg Merckens: *Das biologische Gartenbuch*. Stuttgart 1994, S. 177.

83 Pierre-André Lablaude: Die Gärten von Versailles. Worms am Rhein 1995, S. 67.

84 Ebd. S. 68. Wolfgang Eisenbarth: »Villandry«. In: *Gartenpraxis*, 9/1994, S. 36.

85 Heide Rau und Marion Nickig: *Der Gourmetgarten. Genuß und Gesundheit*. Hamburg 2000, S. 6.

86 Gabriele Lehari: *Oliven. Gesund, würzig, pflegeleicht*. Stuttgart 2009, S. 6.

87 Der Gehölzkundler Andreas Bärtels hat den Oliven die Winterhärtezone 9 zugewiesen. In: Andreas Bärtels: *Gartengehölze. Bäume und Sträucher für mitteleuropäische und mediterrane Gärten*. Stuttgart 1991, S. 396.

88 Ebd. S. 105.

89 Wolfgang Kawollek: *Kübelpflanzen. Südländische Gehölze für die Kultur in Töpfen und Kübeln.* Stuttgart 1995, S. 341.

90 Marco Evers: »Edle Tropfen von der Insel«. In: *Der Spiegel*, 46/2009, S. 159.

91 Michael Allmaier: »Deutschlands flachster Weinberg«. In: *Die Zeit* 25/2009.

92 http://www.swr.de/odysso/-/id=1046894/nid=1046894/did=2257636/1mndbfz/index.html

93 Wilma und Brian Rittershausen: *Orchideen.* The Royal Horticultural Society. München 2000, S. 39.

94 Ebd. S. 38.

95 Peter Tompkins und Christopher Bird: Das geheime Leben der Pflanzen. Frankfurt a. M. 1973.

96 Philip Bethge: »Die Pflanzenflüsterer«. In: *Der Spiegel* 26/2006, S. 114.

97 Johann Wolfgang von Goethe: »Dichtung und Wahrheit«, 2. Teil, 6. Buch, S. 223. In: *Hamburger Ausgabe* Bd. 9, *Autobiographische Schriften I.* München 1981.

98 Ebd.

99 Christian Cay Lorenz Hirschfeld: *Theorie der Gartenkunst.* Reprint. 5 Bände in zwei Bänden. Hildesheim, New York 1973. Bd. 1, S. 186.

100 Ebd. S. 192.

101 Ebd. S. 200f.

102 Gernot Böhme: *Für eine ökologische Naturästhetik.* Frankfurt a. M. 1989, S. 10f.

103 Manfred Hoffmann: *Kommunikation zwischen Mensch und Pflanze: Fakt oder Scharlatanerie?* Vortragsmanuskript 2003.

104 Alexander Smoltczyk: »Der musikalische Weinberg«. In: *Der Spiegel* 47/2005, S. 164.

105 Philip Bethge: »Die Pflanzenflüsterer«. In: *Der Spiegel* 26/2006, S. 114ff.

106 Kulturpraxis der Freiland Schmuckstauden. Herausgegeben von Alfred Feßler. Stuttgart 1997, S. 55.

107 Die neuen Phlox-Sorten sind unter anderem unter http://www.pflanzenversandgaissmayer.de/index,de, 1dd898d7a5aa04892137b644feeb6470.html zu bestellen.

108 Gabriella Pape: *Schritt für Schritt zum Traumgarten. Eine Anleitung für die Zusammenarbeit mit dem Gartengestalter.* München 2008, S. 7.

109 Ebd. S. 25.

110 Martin Bocksch: »Rasenschnitt – ›Fluch oder Segen‹?«. Unter: http://www.rasengesellschaft.de/content/rasenthema/2006/06.php

111 Christa Schnepf: »Grüner Samt. Kleine Geschichte des Rasenmähers.« In: *Sauzahn, Spaten, Turbotrimmer. Design internationaler Gartengeräte.* Katalog zur Ausstellung im Design Center Stuttgart vom 30. April bis 3. Oktober 1993, S. 93.

112 Martin Bocksch: »Rasenschnitt – ›Fluch oder Segen‹?«. Unter: http://www.rasengesellschaft.de/content/rasenthema/2006/06.php

113 Nicolaus Neumann: »Alte Rosen – eine neu erwachte Liebe«, in: *stern* 28/1996, S. 64.

114 Gerda Nissen: *Alte Rosen.* Heide 1984, S. 5.

115 Peter Beales: *Klassische Rosen. Blütenträume für jeden Garten.* Köln 2002, S. 33.

116 Peter Kiermeier, Thomas Proll: *Rosen. Pflege, Gestaltung, 300 Sorten.* Stuttgart 2006, S. 65.

117 Thomas Lohrer: *Repetitorium Pflanzenschutz.* Braunschweig 2004, S. 129.

118 Ebd. S. 31.

[119] Udelgard Körber-Grohne: Nutzpflanzen in Deutschland. Kulturgeschichte und Biologie. Stuttgart 1994, S. 204.

[120] Dreschflegel GbR, In der Aue 31, 37213 Witzenhausen, Tel. 05542/502744, www.dreschflegel-saatgut.de

[121] Udelgard Körber-Grohne: Nutzpflanzen in Deutschland. Kulturgeschichte und Biologie. Stuttgart 1994, S. 214.

[122] Josef Becker-Dillingen: Handbuch des gesamten Gemüsebaues einschließlich der Küchenkräuter. Berlin 1956, S. 213.

[123] Nachzulesen sind die Versuche zur Schattenverträglichkeit einzelner Gräser unter: http://www.rasengesellschaft.de/content/rasenthema/2000/08.php

[124] http://www.galanthus-online.de

[125] Josef Becker-Dillingen: Handbuch des gesamten Gemüsebaues einschließlich der Küchenkräuter. Berlin 1956, S. 604.

[126] Udelgard Körber-Grohne: *Nutzpflanzen in Deutschland. Kulturgeschichte und Biologie*. Stuttgart 1994, S. 243.

[127] Ebd. S. 242.

[128] Hermann Kuckuck: *Grundzüge der Pflanzenzüchtung*. Berlin, New York 1972, S. 86.

[129] Mehr über den Verein und wie man dort Mitglied werden kann unter: http://www.nutzpflanzenvielfalt.de/

[130] Andere Quellen sind Arche Noah in Österreich unter http://www.arche-noah.at/etomite/ und die Saatgutfirma Dreschflegel unter www.dreschflegel-saatgut.de

[131] Andrea Heistinger: *Handbuch Samengärtnerei. Sorten erhalten, Vielfalt vermehren, Gemüse genießen*. Innsbruck 2004, S. 320.

[132] Ebd. S. 36.

133 Annette Bucher: »Torfentstehung«. In: http://www.fh-weihenstephan.de/fgw/infodienst/2008/Oktober.html.

134 Ebd.

135 Phillip Schönfeld: »Rosenneuheitenprüfung – Sortiment für Bayern«. In: *Veitshöchheimer Berichte aus der Landespflege*. Hrsg. von der Bayerischen Landesanstalt für Weinbau und Gartenbau. Veitshöchheim 1998, Heft 35, S. 29.

136 Mehr dazu unter: http://www.adr-rose.de/. Dort findet man auch alle ausgezeichneten Rosen, die heute noch auf dem Markt zu haben sind.

137 Bernd Hertle: »Staudenneuheiten bewerten«. In: *Gartenpraxis*. Stuttgart 1/2001, S. 23.

138 Mehr dazu unter: http://www.staudensichtung.de/sichtungsstandorte.html. Unter dem Stichwort »Neuheitensichtung« findet sich ein Link zu einer Datenbank, unter der die Ergebnisse der untersuchten Stauden abrufbar sind.

139 Mehr dazu unter: http://www.gehoelzsichtung.de/. Hier finden sich auch die Ergebnisse der seit 1980 untersuchten Ziersträucher und Bäume.

140 http://bfriends.brigitte.de/foren/rund-um-die-pflanze, Frühjahr 2009.

141 Ebd.

142 Peter Juroszek et al.: *Photobiologische Unkrautkontrolle im Organischen Landbau*. Institut für Organischen Landbau. Bonn 2002.

143 http://www.actahort.org/books/372/372_20.htm

144 »Nach einer ganz groben Faustregel dringt ein Liter Wasser pro Quadratmeter etwa ein Zentimeter tief in das Erdreich ein«, schreibt Professor Dr. Hans Häckel, der ehemalige Leiter der Agrarmeteorologi-

schen Forschungsstelle Weihenstephan. In: *Der praktische Gartenratgeber*, Juli 1999, S. 213.

145 Ebd. S. 212.

146 Joseph Addison in der Zeitschrift *Spectator*. Zitiert nach: Marie Luise Gothein: *Geschichte der Gartenkunst.* Zweiter Band. *Von der Renaissance in Frankreich bis zur Gegenwart.* Jena 1926, S. 369.

147 Christian Cay Lorenz Hirschfeld: *Theorie der Gartenkunst.* Reprint. 5 Bände in zwei Bänden. Hildesheim, New York 1973, 2. Band, Sechster Abschnitt, S. 132.

148 Zitiert nach: Adrian von Buttlar: *Der Landschaftsgarten. Gartenkunst des Klassizismus und der Romantik.* Köln 1989, S. 202.

149 Marie Luise Gothein: *Geschichte der Gartenkunst.* Zweiter Band. *Von der Renaissance in Frankreich bis zur Gegenwart.* Jena 1926, S. 373.

150 Sckell schreibt dazu, es gelte »den Wald Hirschanger durch eine neue Pflanzung mit dem Hofgarten zu verbinden und im Inneren dieser Wälder Wege und schöne natürliche Bilder zu erzeugen. Ein breiter Weg sollte aus dem Hofgarten in einem sanften Bogen zum besagten Wald Hirschanger hinführen …«. Zitiert aus: Frank Maier-Solgk und Andreas Greuter: *Landschaftsgärten in Deutschland.* Stuttgart 1997, S. 125.

151 Piet Oudolf mit Noel Kingsbury: *Neues Gartendesign mit Stauden und Gräsern.* Stuttgart. 2000. S. 94.

152 Ebd. S. 95.

153 http://de.wikipedia.org/wiki/Zikaden

154 Ebd.

155 Zitruspflanzen-Gärtnerei Voss. Bernhard Voß, Moorende 149, 21635 Jork.

DANKSAGUNG

Allen voran geht mein Dank an meine beiden Töchter, Johanna und Antonia, für ihre Geduld und Anteilnahme, sodann an Annette für ihre tollen Inspirationen und kritischen Anmerkungen.
Wertvolle Anregungen und Tipps kamen zudem von Claudia Gölz (NED-Work), Peter Menke (NED-Work und Baumschulgärtner), Anja Maubach (Gartenarchitektin und Staudengärtnerin), Dorothée Waechter (Gartenbuchautorin), Peter Klock (Gärtner für Obstgehölze) und Dieter Gaißmaier (Staudengärtner).
Nicht zuletzt gilt mein Dank den Lektorinnen Carmen Koelz, Dr. Barbara Werner van Benthem und Simone Kreuzberger sowie dem Eichborn Verlag, ohne die dieses ungewöhnliche Gartenbuch nie zustande gekommen wäre.

REGISTER